《城市社区更新理论与实践丛书》总序

进入21世纪第三个十年,回顾我国规划学科和规划学界近年经历的历史性变化和巨大进步,主要体现在两大方面:一方面是新的国土空间规划体系的建构,另一方面是城市发展模式和空间规划从主要是增量扩张到存量提升即城市更新的转型。正是党的十八大及继后的党的三中全会、五中全会以及2015年中央城市工作会议,对我国改革开放以来经济社会发展阶段和形势做出了科学判断,进一步明确和极大地充实了中国特色社会主义的丰富内涵,正确及时地把握我国城镇化的历史进程,提出了新型城镇化的时代转型。党的十九大报告中指出,我国社会主要矛盾已转变为人民日益增长的美好生活需要和不平衡不充分的发展之间的矛盾。以人民为中心的高质量发展目标已成为全社会共识,这同第三次联合国住房和城市可持续发展大会提出的人类未来二十年共同发展纲领《新城市议程》及17项可持续发展目标(SDGs)相互契合。从党的十八届三中全会首次提出"推进国家治理体系和治理能力现代化"这个重大命题到党的十九届五中全会明确"十四五"规划和二〇三五年基本实现社会主义现代化远景目标,并且具体到对我国规划体系的改革提出改革方向、内容和指导方针，催生了规划学科向真正符合人民和时代需要的方向发生深刻而伟大的变革，一系列相关文件指导着我国规划体系不断深化和完善。

我们从十余年的理论探索和工作实践中汇聚形成的这套丛书的主题——城市社区更新属于后一方面，可以说是在以人民为中心的思想指引下一部分城市规划转型课题的理论和实践的阶段总结。曾几何时，在当地政府邀请和委托下，我们走进一个个城市中低收入居民的社区，面对住房条件、居住环境和市政设施以及社会方面的多种问题，社区更新规划的工作方式、内容和程序无法继续沿用传统体系规划的范式。进入这个新的工作领域时，免不了要学习与参照西方发达国家的社区规划著作和范例，以及国内陆续问世的社区规划论著，从中获得较为系统的社区规划概念和方法，但是多彩多姿的国情和地域现实促进我们重新思考，走进社区人民群众和基层干部中共商共谋，在实践中创新求解。可以说，参与每个社区更新的过程都可以记录下一个个生动的故事，这也是规划师价值观的自我净化和升华。

说到社区更新和社区规划从早期的试验到最近纳入城市规划体系的历程，的确是意味深长。自中华人民共和国成立至改革开放迄今，在全国构建起区、街道、居委会三级城市基层政权组织体系，先后经历了从社区服务、社区建设到社区治理三个发展阶段。1986年，民政部首次把"社区"概念引入城市管理，提出要在城市中开展社区服务工作。2000年11月，中共中央办公厅、国务院办公厅转发《民政部关于在全国推进城市社区建设的意见》，明确"社区建设是指在党和政府的领导下，依靠社区力量，利用社区资源，强化社区功能，解决社区问题，促进社区政治、经济、文化、环境协调和健康发展，不断提高社区成员生活水平和生活质量的过程"，推动各地区将社区建设纳入国民经济与社会发展计划。2001年，社区建设被列入国家"十五"计划发展纲要。2010年至今，社区治理成为国家治理重要组成部分，重点在于构建城乡社区治理体系，提升城乡社区治理能力，打造共建共治共享治理格局。2017年6月，《中共中央 国务院关于加强和完善城乡社区治理的意见》指出，"完善城乡社区治理体制，努力把城乡社区建设成为和谐有序、绿色文明、创新包容、共建共享的幸福家园"。2017年10月，党的十九大报告提出，"加强社区治理体系建设，推动社会治理重心向基层下移，发挥社会组织作用，实现政府治理和社会调节、居民自治良性互动"。但在过去的20年里，在我国大多数城市中，无论是社区规划还是社区更新，主要体现在具体项目上，并未从法理和学理上得到"正名"。原因主要有三：一是从学理上社区规划或社区更新涉及跨学科的充分融合，复杂的交叉机理未臻定论；二是从项目实践上体现出很大的在地差异性和综合性，规划的技术和方法多方尚在各自探索；三是过去发展阶段传统城乡规划体系中社区的缺位，正式规划专业教材和法规暂付阙如。从20世纪90年代末以来，上海、北京、深圳、武汉、重庆等国内一些大城市也只是在一些点上开展起社区规划、社区更新行动。

多元治理共同缔造
耦创城市社区更新
的新格局

题城市社区更新理论与实践
厦门卷 清华学人申摧书

国家出版基金项目
NATIONAL PUBLICATION FOUNDATION

"十三五"国家重点
出版物出版规划项目

城市社区更新理论与实践丛书
赵万民 黄瓴 主编

厦门
城市社区更新理论与实践

CHENGSHI SHEQU GENGXIN
LILUN YU SHIJIAN

张若曦 张乐敏 著

中国城市出版社
中国建筑工业出版社

令人鼓舞的是，今天社区更新和社区规划在全国城市方兴未艾地蓬勃开展，新成果和新经验层出不穷。社区发展、社区更新的时代已经到来。

《城市社区更新理论与实践丛书》启动于2018年底，选择了具有代表性的9座城市，分别是北京、上海、广州、重庆、成都、武汉、南京、西安和厦门，旨在梳理和总结每一座城市在社区更新方面的经验，系统整理因地制宜的社区更新理念（理论）、规划设计方法，并通过典型案例探讨社区更新的机制与政策。特别需要说明的是，本丛书各分册的作者皆来自高校的城乡规划学专业，他们既是我国社区更新、社区规划的实践者与研究者，同时也是观察者和教育者。大家的共识是立足规划的视野探讨具有中国语境下的城市社区更新，希冀从规划的多学科维度进一步丰富我国的城市更新理论和方法。写作和编辑这套丛书最大的体会，是必须努力学习、深刻理解习近平新时代中国特色社会主义思想的科学体系，牢固树立以人民为中心的发展思想，坚定中国特色社会主义道路的四个自信和五大发展理念，以此丰富和创新我国社区发展的规划学科理论。自豪地身处当下的中国，站在过去城市规划建设取得的卓越成就的基础上，经心审视社区的价值，充分认知社区之于国家治理的作用，努力发现社区作为实现人民城市愿景的重要意义，乃是本丛书编写的初衷。丛书的顺利诞生要特别感谢中国建筑工业出版社（中国城市出版社）的大力支持和辛勤工作。

"诗意的栖居"是人类包括中国人的共同理想。已做的社区更新规划研究和实践曾经陪伴了我们千百个日日夜夜，更深入到我们心灵中的每一天。我们更为不同社区的未来美好图景殚精竭虑。作为我国社区发展的城市规划工作的参与者，从实践到理论，再从理论到实践的不懈且无尽的努力，这既是使命，更觉荣光。

  谨此为序。

赵万民

2021年2月

序一

"城市让生活更美好",这是对已经由乡村走向城市的城镇化的历史所诠释。那么,怎么才能"让城市的生活更美好"呢?这正是我们目前正在经历的新型城镇化所要努力探索的。城市的生活是否美好,在很大程度上取决于市民在社区的生活是否美好。美好的城市生活是要由在城市中生活的人来体味和感受的,而人们在社区中的生活则是他们体味和感受幸福的生活原点。社区是现代人类进行的社会文化生活最基本的社会共同体,是涵盖生产、生活、生态的城乡基本生活单元、发展单元和治理单元。从人的需求的生理、安全、社交、尊重、自我实现的五个层次来看,社区是人们在其中生活而获得满足这些需求的最基本的物质空间和社会、文化空间。居民在其中生产、生活,满足其五个层次的最基础性需求,就能产生我们称之为"获得感、幸福感、安全感与成就感",这也就是现代城市社区进行社会治理应达到的根本目标和社会功能。

我国的城乡规划体系走过了从城市规划到城乡规划,现在又开始走向国土空间规划之路,它意味着传统的城镇化即土地城镇化模式的终结,而走向新的人的城镇化模式;它也意味着传统城市规划模式的终结，即为城市发展寻找"理想"的模式，为城市问题寻求技术性解决方案的模式，将被为社会可持续的良性发展寻求合适的生态和城乡治理模式所取代。虽然最终表现的手段都同样落实在"空间"的经营上，但前者的着眼重点是物态的，而后者的着力重点是"生态"的，是对人的"生活世界"及社会生活形态的改善与根本转变。人的现代化与城市现代化是我国新型城镇化阶段的主要目标和任务。这不仅意味着城市物质环境发展的转型，还意味着城镇化的核心价值的转向：从强调速度、强调空间扩展、强调物化环境的度量累进，转向强调以人为本的生活质量（幸福指数）的全面提升、人的文化模式和价值观念的根本转变与重构，以及城镇功能优化与服务水平的普遍完善。生活方式和生活环境的现代化转型是这个新阶段的特征，价值、品质、可持续性则是揭示其特征性的关键词。新型城镇化也意味着城镇化建设的过程与成果之新，它不仅有乡村空间变城镇空间之新，也有城镇空间品质提升之新，更有社会关系与人的价值观重构之新。

城市规划的范式已从"开发导向"走向"关系导向"；从开发控制的管理模式走向平衡利益的关系协调模式；它将重点关注和保障公共利益，实现各种利益群体与个人的相对公平、公正的平衡关系。国土空间规划与城乡规划从"蓝图"到政策，从"乌托邦"到"管控"（治理），从追求理想到纠错（批判性反思）和对现实问题解决的预设与"愈后"，作为一种公共政策，它的重点在于公共决策和公共管理与社会治理。

这本凝聚了作者心血与汗水的《厦门城市社区更新理论与实践》，以他们亲身参与其中的实践及思考，为我们展现了厦门近年来在新型城市化浪潮下对城市社区更新的探索之路。书中所介绍的三个案例有其各自所代表的典型特征性意义，我们也可以从中体会到城市社区更新的关键在于其空间、社会和文化三者的价值、品质与可持续性的提升，以及人的需求的更大的满足与价值观念的现代更新。

沙坡尾地处厦门老城区的核心，是厦门经由一个依托渔港的小渔村演变为现代化大城市的城市原点。沙坡尾的空间物质形态与地域文化风貌深藏着老厦门人对"古早味"厦门的记忆，以及新厦门人和外来者对"乡愁"体验的情景要素与历史文脉。于是沙坡尾的社区更新历程就走出了一条从原生态的生产、生活场所，演变为"乡愁经济"促成的"乡愁空间"之路。其中虽有曲折、争议，但历史的选择即成其必然。沙坡尾的"脸面"已是"后现代"的，但街区内部真正原住民的生活居住功能还有待于实质性的完善、提高。

曾厝垵位于厦门老市区外的城乡接合部，随着厦门城市区的发展、壮大，由原来农耕经济时的临海小渔村变为城市发展盲点的"城中村"。靠海、近城的优越地理位置及较为完善的乡村社区空间结构形态与社会关系网络，使它较容易地成为城市新型产业的转移之地。于是曾厝垵便走出了一条从文创产业的植入到"旅游经济"称霸的发展之道，社区的物质空间形态即由乡村聚落转变成为吸引眼球的"网红打卡地"。社区居民由以捕鱼为业变为以房屋"收租"及商业赢利为生。城市职能的植入，使社区物质空间形态的演变成为必然。但在完善城市基础服务设施实现土地和空间城市化的同时，如何实现人的城市化与社会关系及价值观念的重构，是其需要完成的历程。

营平片区是厦门岛老城中至今保留最完整的典型传统街区，这里有原生态的本真化生存的市民生活样态及反映该生活样态的地方文化及其物质形态。营平片区的更新呈现了"内爆"式的繁殖更新，基本上维系了在地文化的风貌特征，又适当更新了已失调的社区机能，增补了现代生活的营养素，老机体正在逐步焕发新生。但这个过程也许将是缓慢渐进的，如何才能尽快提升社区居民亟盼改善的生活质量，跟上当今突飞猛进的现代化步伐，是尚待解决的课题。

城市与农村的区别，从生活方式看，城市是一种更高强度的社会化生活方式，从空间生产的角度看，城市是一种社会化的空间生产方式，而农村则更多的是一种家庭化、个体化的空间生产方式。城市的空间生产最本质的是一种社会空间和公共空间的生产，而农村主要是家庭和私有空间的生产。现代城市的空间生产与农村的不同之处，又在于它是一种商品化的生产、是资本积累的一种重要手段，它使空间成为一种商品而进入了消费领域，成为一种消费品。如果说住宅是家庭化的个人空间，那么住区和小区则是社区化的公共空间（社会空间），当这样的空间需求基本得到满足后，人们才会要求更高层次的空间需求——交流与自我实现的空间需求——对更广泛意义上的社会空间的需求。在现代消费社会的大背景下，如何使城市及社区的公共空间更贴近市民的需求，是我们所面对的价值选择与目标实现的归宿。厦门的三个不同类型的案例，虽然走过的路径不同，但以社区公共空间的建设为抓手则是其共同的经验特征。

尽管不同的社区在更新路程上各有难点，但这些案例的经验告诉我们：以人为本，以寻求各方利益平衡为出发点，以渐进式微更新为方法，以社区公共空间的建设为抓手，以政府、社会经济体、市民、规划师等参与者们的角色转换及公众参与缔造为密钥，以务实的政策为保障，最终才能实现共谋、共建、共管、共享、共赢的目标。这是本书的作者以其详尽的案例介绍与深入的总结、思考所给予我的启迪。

相信本书对于正在从事城市社区更新的规划工作者，以及关心城市社区更新事业的读者都能开卷有益。

愿城市的生活更美好！

马武定　教授
原中国城市规划学会理事
原福建省城市科学研究会副理事长
原福建省城市规划学会副会长
原厦门市规划局副局长
厦门大学建筑与土木工程学院城市规划系
创系主任

序二

收到若曦寄来的书稿很是高兴，短短几年能找到她自己感兴趣的学术方向并有了很好的积累，甚好甚喜，也预祝她不断取得更为丰硕的成果。

城市更新是近来中国城市建设中的热点。回顾国际城市规划的实践可以看到，在城市化的进程中，大家都经历过从大规模新城新区建设到城市更新、城市复兴的过程，而城市更新这个词也从特指美国在20世纪50年代开始的联邦政府资助城市清除贫民窟的简单粗暴、颇被后世诟病的实践，转化为当代中国语境下"基于城市产业转型、功能提升、设施优化等原因，对城市建成区进行整治、改造和再开发的规划建设活动和制度"的统称。这也更接近于城市复兴的概念了，所以在英文可翻译作urban renewal，也可译成urban regeneration，而后者更接近于当下的国际语境。应当讲20世纪80~90年代以来中国规划界对城市如何更新（复兴）做了大量的理论演绎和实践探索等。有机更新、小规模更新、渐进式更新、三旧改造等等逐渐走出一条应对中国国情、市情的更新之路，而本书探索的融社区发展、社区治理、社区营造为一体的中国化道路是这一系列实践探索和理论总结的新亮点。

厦门是"共同缔造"的发源地,正确的执政理念、合理的技术路径、丰厚的历史人文积淀共同成就了厦门诸多城市更新的经典案例,聚焦社区更新,选取优秀案例加以总结,并全面展示过程的曲折与艰辛是十分必要的。

无疑在走向治理现代化的进程中,政府的主导和引导作用、市场的动力机制、社会组织的贡献乃至市民个体的自觉自愿行动共同构成了社区更新实践中可以总结的经验和可以汲取的教训,在长达近20年的实践进程中更新制度的形成也伴随国情、市情的演进而变化,始终在"与日俱进"。

记录并分析这个过程可以进一步明晰政府的职责、市场化的空间生产规律、社会组织的情怀和人民群众的真实诉求,并将其纳入一个可操作的框架中使之实施、运转、不断纠错、不断改进,以达成一个以人民为中心、实现"共同缔造"的未来,这是中国走向社会治理现代化的重要组成部分。这种记录和分析越多,中国人自己的理论框架的形成就越有希望。

也衷心希望若曦这样的青年学者以此为开始,在记录和分析实践的基础上不满足于政策性和策略性的理论总结,随着研究的深入能更进一步探索中国和谐社会建设的深层机制,去探求中国人集体主义精神的形成机制,进而用更有学理深度的国际语言讲好中国故事。

尹稚　教授
中国城市规划学会副理事长
清华大学中国新型城镇化研究院执行副院长
清华大学城市治理与可持续发展研究院执行院长
清华大学国家治理与全球治理研究院首席专家
清华大学建筑学院教授、博导

▶ 序三 ◀

2011年，我国城镇化率达到51.27%，城市人口数量首次超过农村人口数量。这意味中国进入城市社会，经济集聚的高效与社会不断原子化的过程并存，与乡土社会对应的"熟人社会"正在不断地受到"陌生人社会"或"熟悉的陌生人"社会冲击，乡土社会中以乡土血缘为纽带的社会关系在城市社会中慢慢消失。而与城市社会所对应的城市社区空间也越来越商业化、碎片化。

这种现象在1970年代的美国、英国等西方国家也出现过，帕特南在他的著作中想到用"独自打保龄球（bowling alone）"现象称为城市社会的主流，美国人似乎宁愿一个人在家看电视或者独自去打保龄球，也不愿把闲暇时间用于与邻居一起喝咖啡聊天或是出门交朋友、参加集体活动。各种各样的社区组织在1970年代都经历了成员缩减、组织破碎的困境，各种社区设施和空间正在经历不断折旧和老化的过程。城市社区的衰落或称为"陌生化"已经成为当今城市问题的主流。

社区要应对设施和社会关系衰败的态势，必然要走向更新的道路。城市社区更新是一个在原有基础上不断演进、迭代、升级的综合过程。城市更新所需费用高、周期长，且涉及复杂产权问题。公共空间的更新改造具有公共品性质，而住宅的更新改造又面对私人产权，更新往往是公共空间与私人住宅结合进行，这使我们不得不思考"谁是主体，为谁更新，谁来更新"等问题。单单依靠政府投入难以负担高昂的更新成本，但引入开发商则需考虑过度商品化对居民利益、历史和本地生活、社会关系的破坏。广州城市社区的更新过程就说明政府主导与市场主导这一难题，20世纪90年代广州引入开发商对城市进行了大规模的拆除重建，而进入2000年后政府开始收紧开发商允许进入的领域，甚至一度"禁止开发商进入"，到2010年左右，又逐渐允许开发商参与城市更新。

2015年12月20日，中央城市工作会议上指出："做好城市工作，要顺应城市工作新形势、改革发展新要求、人民群众新期待，坚持以人民为中心的发展思想，坚持人民城市为人民。这是我们做好城市工作的出发点和落脚点"。对于城市发展的出发点和落脚点回归到"人民城市为人民"和"人民城市人民建"。社区是城市的基本细胞，城市社区是城市更新的基本单元，在"人民的城市"理解下，城市社区的更新应该是一个过程，是一个人与社会关系重构、社会与城市空间关系重构的过程。从这个角度讲，城市社区更新不仅仅是建设过程，而是在建设过程中加入了人的主观能动性和文化的传承，是以建设为载体的社区治理过程。通过治理手段创造有序规则和集体行动，实现社会资本在社区尺度的重新聚集，实现政府、企业、居民以及各种社会组织等多方的共同参与，把"你"和"我"变成"我们"，把"要我做"变为"我要做"，通过共识来推动社区更新。

厦门是一个新兴和古老的城市，老旧城区、城中村、转制后的单位大院、"村改居"社区等社区形式多样，在城市社区更新方面有着丰富的实践成果。在《美丽厦门发展战略》中，厦门市委、市政府提出了"美好环境共同缔造"的公众参与社区更新的具体行动计划，通过规划、设计的手法，以工作坊形式为居民、政府和规划师创造一个多方参与社区管理和设计的平台。以公众为核心，以"以人为本"为原则，以环境改造为手段，以机制体制建设为支撑，通过政府、社会组织、公众等多元主体共同参与社区更新，满足公众的广泛需求和发展愿望。

在本书中厦门大学的张若曦副教授以一个规划师的角色深入地参与到厦门的城市社区更新，通过"美好环境共同缔造"探索城市更新的理论与方法，书中主要论述的沙坡尾、曾厝垵、营平三个社区更新不仅可以展现厦门近年来对城市社区更新的工作创新，还可以看出作者对这座城市的情怀和对城市研究工作的热爱。城市社区更新是一个进行时，对城市更新模式的研究更是一个进行时，反思、实践与总结将一直贯穿在城市更新的过程中。这也将为城市社区更新的研究提供天然的实践基地，相信张若曦副教授将会不断地丰富和提升城市社区更新的研究工作。

李郇 教授
中山大学中国区域协调发展与乡村建设研究院院长
城市化研究院院长
中山大学地理科学与规划学院教授、博导

目录

《城市社区更新理论与实践丛书》总序
序一
序二
序三

第1章	**绪论**	
	1.1　我国社区更新背景	002
	1.2　社区相关理论研究	004
	1.3　社区更新的跨学科理论研究	007
	1.4　文化、城市及社区更新的互动	013
	1.5　西方国家社区更新的发展历程	016
	1.6　我国城市社区更新的实践	018

第2章	**厦门城市社区更新历程与共同缔造理念**	
	2.1　厦门社区更新历程	024
	2.2　指导厦门实践的共同缔造理念	033
	2.3　厦门社区共同缔造的工作路径	037

第3章	**沙坡尾片区更新实践**	
	3.1　沙坡尾片区概况	044
	3.2　社区历史变迁与空间演进	045
	3.3　社区更新规划历程	048
	3.4　社区共同缔造工作坊实践	056
	3.5　基于设计介入的参与式社区服务	064
	3.6　沙坡尾片区更新的思考	070

第4章	**曾厝垵片区更新实践**	
	4.1　曾厝垵片区概况	074
	4.2　社区转型历程及困境	075
	4.3　社区共治的社会基础	080
	4.4　共同缔造下的更新跨越	083
	4.5　曾厝垵片区更新的思考	093
	4.6　曾厝垵片区更新的启示	097

第 5 章　营平片区更新实践

5.1	营平片区概况	100
5.2	社区更新历程概述	106
5.3	自主更新的早期实践尝试	107
5.4	以公共空间为触媒的社区更新	120
5.5	共同缔造下的社区更新路径	124
5.6	营平片区更新的启示	134

第 6 章　厦门社区更新反思与实践经验

6.1	反思一：更新历程中的公众参与效用	140
6.2	反思二：市场参与社区更新的动力及优劣	145
6.3	反思三：社区更新制度仍存在的不足与矛盾	150
6.4	反思四：共同缔造实践需要持续深化	156
6.5	经验一：共同缔造更新机制建构	158
6.6	经验二：培育社区更新的内生动力	167
6.7	经验三：促进社区的文化复兴	169

参考文献　175

后记　178

第 1 章　绪论

1.1　我国社区更新背景
1.2　社区相关理论研究
1.3　社区更新的跨学科理论研究
1.4　文化、城市及社区更新的互动
1.5　西方国家社区更新的发展历程
1.6　我国城市社区更新的实践

1.1
我国社区更新背景

▶ 在我国现阶段经济社会"双转型"与政府角色转变的背景下,单纯以经济增长来解决城市发展问题的传统模式,已无法适应当前的社会发展需求。在城市整体发展中,社区更新被提上日程,成为城市发展转型的重要方向,通过社区更新构建良好的社区治理空间,并进一步将城市社区空间作为实现国家治理能力及治理体系现代化的重要载体之一,成为目前城乡规划建设的新目标、新任务。

1.1.1 社区更新是城市发展转型的重要方向

在过去的几十年内,我国经历了城市建设发展的"黄金时代",无论基于全国城镇体系结构变化还是城镇人口规模扩张,城市用地面积均发生了巨大的变化,走出了一条快速城镇化的发展道路。随着城市经济的高速发展,国家层面对资源的约束不断趋紧,越来越多的城市出现了增长瓶颈,北京、深圳、上海等城市逐渐将土地开发建设的目光聚焦到存量土地上,城市发展逐渐从增量规划转向存量经营,城市规划更偏向旧城更新、棚户区改造、公共服务设施建设等议题,而城市快速发展时期遗留下的社会、环境等问题也成为学者和政府关注的重点。注重物质空间的改造、忽视改造背后的利益诉求、社会问题和历史文脉传承等,这些快速发展时期旧城改造中的问题逐渐显现。因此,城市发展的价值观应回归到"以人为本",从强调效率到充分考虑和兼顾社会公平、公正。《国家新型城镇化规划(2014~2020)》提出了建设以人为本、优化布局、生态文明与文化传承的中国特色新型城镇化道路,以及全面提高城镇化质量的新要求。党的十八大报告在论述推进新型城镇化建设时指出,要坚持以创新、协调、绿色、开放、共享的发展理念为引领,以人的城镇化为核心。

随着城市建设的快速发展,城市的社会、政策、经济等各方面都发生了深刻的变化,最早发展起来的城市社区在城市扩张的进程中,逐渐出现了社会功能衰退、物质老化明显等问题，逐渐形成了旧城社区。随着房地产业的发展、土地使用制度的改革、第三产业的兴起以及旅游业的飞速发展，许多城市逐渐将土地开发建设聚焦到城市存量用地上，城市发展逐渐从增量规划转向存量经营，推动衰弱、老化的社区进行更新成为城市发展转型的重要方向。

1.1.2 社区更新体现了国家治理的转型

从我国社区更新的实践来看，政府始终在其中发挥着重要的主导作用。我们注意到，靠"大拆大建"的传统旧城改造方式已然不适应当下城市发展的形势。传统的自上而下的大规模改造耗资巨大，虽然效率较高，但无法兼顾多元群体的需要，容易引发不公平、不协调的利益关系，各种矛盾也会带来社会的不稳定并破坏原来具有价值的城市文脉肌理。

党的十八大以来，国家更加重视城乡社区在社会治理中的重要作用。2013年中央城镇化工作会议提出，城镇化不仅是宏观布局的问题，也是微观城市空间治理的问题。社区是社会治理的基本单元，也是社会治理体系中的基础部分。社区治理是国家现代化进程的重要体现，从城市更新到社区更新，不仅仅是更新单元空间尺度的精细化，也体现出国家治理的精细化，是社区发展的升级和价值的回归。

2017年6月，中共中央、国务院印发《关于加强和完善城乡社区治理的意见》，对城乡社区治理作出全面、系统和深入的部署。党的十九大报告指出，要加强社区治理体系建设，推动社会治理重心向基层下移，发挥社会组织作用，实现政府治理和社会调节、居民自治的良性互动。党的十九届四中全会也进一步明确指出，必须加强和创新社会治理，完善党委领导、民主协商、社会协调、公众参与、法治保障和科技支撑的社会治理体系。

2019年，习近平总书记在考察上海的重要讲话中提到，要始终坚持"人民城市人民建、人民城市为人民"的重要理念。《2020年政府工作报告》中也提出，要加强和创新社会治理，完善社区服务功能。在2020年以来新冠肺炎疫情的社区防疫中，近400万名社区工作者夜以继日地奋战在寻常巷陌，用实际行动证明了社区是社会治理体系的"末梢"，为夺取疫情防控和实现经济社会稳步发展的双胜利提供了坚强有力支撑。可见，社区治理在社会治理中具有举足轻重的作用，能够不断增强人民群众的获得感、幸福感和安全感。

1.1.3 参与式社区更新具有现实需求

当前，我国城市发展正处于由增量扩张向存量优化的二次转型之中，城市的发展目标由以经济增长为中心转而注重城市品质的提升，传统的自上而下管理式规划逐渐转型为提倡多元融合共治的参与式规划，充分体现"以人为本"。基于转型方向的引导，参与式社区更新也开始彰显其发展与推动的必要性。在新常态下，政府主导可为社区更新和治理提供资金及资源，对加快其进程具有极大作用。

在物质基础设施得到极大改善的基础上，人们开始更多地关注更深层次的城市社会问题，意识到社区更新已不仅是针对物质形态的土地再开发，而是需要重构社会治理体系，通过转换政府职能定位和充分发挥居民的自主性，实现社区更新。随着社会经济的快速发展、信息传播渠道的增多以及社会教育水平的提高，公众的参与意识及参与能力正不断提高。畅通的规划信息渠道使公众能够较为便捷地获取和了解更多的规划内容，有助于公众表达自身利益的诉求和意愿，从过去被动接受规划改造信息开始转变为主动通过各种途径和组织形式参与到社区建设中去。

在社区治理的视角下探索社区更新及发展规划的新机制，通过社区更新构建良好的社区治理空间，进一步将城市社区空间作为实现国家治理能力及治理体系现代化的重要载体之一，成为目前城乡规划建设的现实需求和新目标。

1.2 社区相关理论研究

▶ 我国城市更新逐渐步入综合性的社区治理与可持续发展阶段，日渐显露的旧城社区问题推动着社区更新的相关研究。自早期国外提出社区发展理论并经由实践验证发展至今，取得了一定成果，然而仍有必要通过对社区更新相关理论的梳理研究，为现阶段我国社区更新理论借鉴所用，从而成为相关实践的有力支撑。

1.2.1 社区

在欧洲早期的救济工作中就阐释了社区的重要作用。1800～1850年，德国部分城市实施了"将城市划分为若干社区，结合社区中教育、卫生、福利及宗教组织"进行了一系列的济贫改革。1887年，德国学者滕尼斯（Ferdinand Tönnies）在《社区与社会》中首次正式提出"社区"（community）这一概念。19世纪末，英国和美国发起社区睦邻组织运动（Social Settlement Movement），希望通过社会组织的参与，使社区内外资源得以整合，激发居民自主自立精神，从而达到帮助社区内弱势群体的目的。第二次世界大战过后，联合国借由"社区发展计划"来推动基层社会改造、促进社区发展。令人遗憾的是，这段时间内西方发达国家的社区受到全球化、城市化和信息化的冲击而走向一定程度的衰败。2000年，帕特南（Robert D. Putnam）出版《独自打保龄：美国社区的衰落与复兴》一书，分析了战后背景下社区的衰败和公共参与的匮乏。20世纪末，西方发达国家发起新一轮的"社区复兴"运动，旨在通过自下而上的方式使社区主义得以落实，呼吁居民参与基层管理，使政府与社区成为合作伙伴，力图恢复社区活力、推进政府机构改革和社会发展。借助社区复兴和都市更新等计划的实施，发达国家更新完善了社区治理的图景。

在西方社会学理论中，社区是一定地域范围内人群生活的价值认同和情感纽带的基础，具有"共同体"的特征。"社区"一词在我国首度出现且被国内学者引用流传是在20世纪30年代。费孝通先生首先翻译了"社区"一词，但我国社会学家对"社区"的理解和认知不尽相同，因此有关社区的概念界定也稍有差异。费孝通先生认为"社区是若干社会群体家庭、民族或社会组织机关、团体聚集在一地域里，形成一个在生活上相互关联的大集体"；范国睿认为"社区是生活在一定地域内的个人或家庭，出于对政治、社会、文化、教育等目的而形成的特定范围"；王彦辉认为"社区是在一定地域范围内，以一定数量的人口为主体形成的具有认同感与归属感、制度与组织完善的社会实体"。

我国社区通常还具有特定的含义，一般认为是由行政区域演变而来的"街道社区"。但本书对于社区的界定并非完全基于此，主要强调"共同文化"这一基本属性。因此，结合对各定义的分析理解以及本书研究，将社区定义为："社区是某一地域里个体和群体的集合，其成员在生活上、心理上、文化上有一定的相互关联和共同认识"，即社区是某一地域范围里，较长时间的文化和生活积累而成的一种社会共同体单元。

1.2.2 社区发展与社区营造

19世纪末、20世纪初期，英、美、法等国开展"睦邻运动"以培育居民自治和互助精神。第二次世界大战后，"社区发展"的实践因各地区的恢复和建设活动而得以深入，成为有计划的行动。西方国家将社区发展作为解决社区问题的手段与途径，例如欧美地区社区福利组织活动的出现。总体来说，社区发展的体系围绕社区成员、共同意识、社区组织和物质环境四个方面展开行动工作。

基于欧美的社区发展理论与实践，日本提出"社区营造"的理念，其意指居住在一定地理范围的人通过持续的集体行动共同处理社区生活议题，解决社区问题且重塑社会关系的联结，以达到居民创造共同生活福祉的目的。日本社区营造的发展植根于市民的广泛参与，其本质是借助公共财政加强社区公共参与，并改善社区环境品质。千叶大学宫崎清教授指出，社区营造的议题包含"人""文""地""产""景"五大类。20世纪90年代，我国台湾首次提出"社区总体营造"的概念，台湾学者林志成将社区营造的主要功能和目标概括为社会、文化、经济、政治四个角度。可见，社区营造的概念均指向内生发展论，强调以地域居民作为开发主体，依托社区内生力量采取因地制宜的措施达到地域资源的活化与保护的目的。

1.2.3 社区治理与社区规划的本土化

基于欧美、亚洲国家及地区的发展经验，我国于20世纪80～90年代开展以社区服务为中心的基层建设行动，成为社区本土化的起源，在"单位制"解体的特殊社会背景下，社区以"替代性"的身份出现。社区的发育阶段决定社区发展的政府主导立场、服务取向和问题解决取向。从定义上理解，这一阶段社区治理是指政府、市场、社会三方治理主体通过协商、合作等形式共同介入社区公共事务的管理和实践，并基于市场原则和公共利益构建合作关系。

由于社区发展各项问题的显现和城市化建设过程中学科的转型，社区发展的观念和方法发生了转变。社区全面发展要求社区的社会属性与空间属性需共同提升，实现软体建设和硬件建设的相结合。学者黄瓴提出将社区规划作为社会治理创新的有效手段和社区发展的有效途径。社区规划以系统和发展的思维关注并深入社区，探讨社会、经济、文化、空间等多个维度的互动机制，强调建立资源整合平台，从而实现规划从工具理性向交往理性的转变。2019年全国住房和城市建设工作会议正式提出，打造一批"完整社区"，完善社区基础设施和公共服务、创造宜居环境、营造地方特色的社区文化，推动建立共建共治共享的社区治理体系。学者刘佳燕、王天夫提出，社区规划的特点是：①转变社区治理的观念，强调社区的能动性和建构的主体；②社区规划的实践性指向和可落地性，在专业规划师的介入下重新认识社区并制定符合社区发展条件的规划与行动计划；③关注社区规划中空间生产的参与者和过程，充分发挥社会和空间的互动机制；④差异性、层级性和双向性，根据不同任务与场景借由专业化形式开展因地制宜的实践；⑤需要制度化建设的保障从而实现社区内在能力的持续培养和发展。

经过近30年的探索与实践，我国涌现了一大批支撑本土社区治理及规划的理论和优秀案例。由于文化背景、社会结构和政府角色等方面的差异，各地的社区工作理念与介入方法等存在差异，社区工作最开始也面临着较大的挑战。进入城市存量发展阶段，由于地缘原因，厦门较早受到日本和我国台湾地区的影响，率先开展社造运动，也和各地一样，经历了舶来理论与经验的本土化过程，以曾厝垵、沙坡尾、营平等片区为代表的厦门社区也经历了多轮更新，最终探索出极具地方特色的社区更新治理方式。

1.3
社区更新的跨学科理论研究

1.3.1 城市有机更新理论

▶ 现代城市更新概念源于1950年代的西方城市更新运动，并随更新理念的发展不断发生变化，从20世纪50年代的"urban reconstruction"，到60年代、70年代的"urban revitalization""urban renewal"，再到80年代、90年代的"urban redevelopment""urban regeneration"，侧面反映了西方城市的更新历程与时代背景。该概念被引入我国后，也衍生出了许多类似的词语，如"城市更新""旧城改造""城市复兴"等。

吴良镛院士曾在《北京旧城与菊儿胡同》一书中指出旧城更新的3个含义，即：改造、再开发或改建（redevelopment）、整治（rehabilitation）和保护（conservation）。关于城市更新的概念虽然多样，但大多都包含针对城市中整体环境较差地区的物质环境更新与提升，同时，随着人们的认识不断深入而被赋予了更多社会和文化内涵。毫无疑问，当下城市规划已变成以空间为载体的城市社会、经济、文化等多重要素的"进化过程"。值得注意的是，城市更新的概念应该与城市再开发的概念有所区分，其本质差别在于城市再开发仅关注空间的经济效益，而城市更新则是一个空间的社会、经济、文化等全方位的改造，是城市空间整体品质的提升。

目前，国内对于旧城更新的研究成果较为丰富。其中比较具有代表性的理论有：1983年清华大学吴良镛先生基于"城市有机更新论"对北京旧城改建进行了反思，指出城市应该是承载千百万人生活和工作的有机载体，构成城市本身组织的城市细胞总是在不断地进行新陈代谢，通过城市"有机更新"走向新的"有机秩序"。此外，学者吴明伟也从另一个方面提出了系统性旧城更新思想，他认为要重新梳理旧城问题，从总体上对旧城区进行全面的研究，进而指定一个系统的旧城改造规划，建立明确的评价体系、目标体系和控制体系，最终促进更新理念得以落实。综观国内外城市更新发展历程，体现了从物质空间到非物质文化等方面的全要素更新，将旧城空间作为物质载体，在其上系统性地叠加社会、经济、文化等多重要素，明确旧城更新改造发展方向，形成更新治理的合力，目标导向解决现状问题。并将城市这个复杂巨系统看成一个有机体，通过城市自身的新陈代谢，通过逐渐更新"细胞"，最终实现旧城的全方位更新。

1.3.2 治理理论

1990年代，治理（governance）理论逐渐进入政治学、管理学和经济学等领域学者的视野，作为弥补市场失灵和政府失效的一种有效尝试，被引入到社会管理中。社区治理实质上是建立在遵循市场原则、符合公共利益和大众认同上的一种协作，主要表现为相互信任和互惠互利。关键在于建立多元主体之间的协作网络，实现政府与公民社会的多边合作。

社区作为人们共同生活的地方，它的治理方式方法涉及国家与社会、国家与公民之间关系的调整。20世纪70~80年代，受到经济危机和福利国家模式失效的影响，发达国家的治理理论接受新自由主义与社群主义的潜移默化，从而影响到社区治理的理论与实践。新自由主义需要明确限制政治权力，认为经济和社会的本质是自我调节的实体，并主张下放权力。在社区治理中，学者们并没有挑战主流理论，而是主张"把个人从主要权力结构中解放"。在这种规划思潮的影响下，西方国家"政府大幅削减公共开支，积极推进公共部门的私有化，导致政府对社区服务的投入急剧下降"，模式从国家照顾逐渐转向社区照顾。受到新自由主义的影响，发达国家的社会力量扩大了参与社区治理的空间，社区政策照顾对象从"普遍性原则"转向"选择性原则"。在美国出现了一批"社区发展公司"（community development corporation）；英国开始相继出现了一些社区志愿者组织，这些组织陆续加入社区治理领域。

1990年代，西方发达国家兴起第三条道路，理论基础为调和新自由主义和社区主义，认为国家在社会福利方面仍然要承担积极责任，但非无限责任；要建立公民个体、社会与国家之间的责任体系。1997年，英国工党执政时社区再次进入政府的决策视野，并被拔升至社会发展的战略高度。2001年，工党成功连任，社区发展的价值理念和服务实践得以继续发展。英国发起的邻里复兴战略（National Strategy for Neighborhood Renewal）、社区战略（Community Strategies）、社区照顾计划（The Community Care Development Programme）等，均与民主参与以及公共服务改革有所关联。1990年代在美国兴起的社区主义运动，从强调个人权利转向关注社会和集体责任。克林顿政府提出了"授权区和事业社区"的法案，力图重新界定政府和社区的关系，以实现政治、经济、社会福利一体化发展的目标。21世纪初，澳大利亚各州和联邦政府推行了一些促进农村发展的政策工具，这些政策被注入了一种新的"社区"意识，使用了诸如社会资本、社会企业、社区发展、伙伴关系和社区建设等较为前沿的概念，而且这些政策工具有力地促进了社区组织的发展。澳大利亚各层级政府都提出强烈的社区参与方法，这揭示了社区参与的核心要素，社区参与的观点和整个政府合作已经被广泛支持。

从历史的观点看，发达国家的社区改革运动，起点基本上都是地方性问题，例如环境污染、贫困救助等。而社区复兴运动起源于经济社会危机，即是在国家和市场均失灵的情况下，推行新政帮助恢复经济活力和社会活力。伴随着社区自主权的不断增强，后逐渐发展成为依靠社区内部资源进行自为或合作的治理形态。在国家治理理论快速变革的大环境下，社区治理不断累积经验，推动了理论发展。不同主体之间的合作与相互依存可以解决基层问题，所以新的政治模式应当寻求"商界、政府、社区组织和公民一同工作，以帮助社区达成其集体目标和应对挑战"。治理理论是弥补市场失灵和政府失效的有力工具，通过重新界定政府责任边界，将部分权力让渡于社区，依赖社区内部资源的整合与调度实行社区治理。并培育社区组织，建立多边合作网络，实现基于市场原则且符合公众利益的政府与公众之间的协作。社区治理从地方问题着手，自下而上、集思广益解决特殊情况，并通过地方实践推进理论发展，总结复兴模式并予以推广。

1.3.3 公众参与理论

（1）理论发展

1950年至1960年代为公众参与理论的萌芽时期。第二次世界大战结束，英、美、东欧和许多发展中国家都开始了高速度的城市化发展。这一时期的城市规划者普遍认为只要做好物质空间规划，就不会出现其他社会问题，对于公众参与的认识也仅限于在总体规划编制后进行公开聆听。英国在1947年颁布的《城乡规划法》中，提出了"关于允许社会公众发表他们的意见"的规定，公众参与开始萌芽。

1960年代为精英参与时期。这个时期西方国家开始研究区域，关注区域之间不平衡的发展现状。城市规划在这一时期主要用以促进社会多元和激发经济增长，侧重点从建设视角转移到了经济和地理视角，基于复杂技术程序建立模型和设计政策成为主要的规划手段。这些技术化的产物对公众来说难以理解，因此规划通常不再经过公众审议。

1960年代末至1970年代中期为成长时期。这个时期人权运动兴起，规划从以建设和经济发展为重点转向以解决社会政治问题为主，公众在规划制定和实施阶段大幅度介入并提出意见。同时在社会层面，一些学者提出了"倡导性规划"概念，对现代理性主义城市规划思想进行了强烈的批判，这有效推动了公众参与在制度层面的发展。英国公众参与规划委员会（Committee on Public Participation in Planning）提出《人民与规划》的报告，为公众参与城市规划提供了最早的制度框架、参与过程与相关的方法手段。美国为了应对社会动荡问题，也开始在一些城市成立诸如社区改造中心的机构。总之，这一时期是公众参与正式登场的时期，制度与理论都处于不断成长的阶段，公众参与城市规划的必要性逐步确定。

1970年代末至1990年代为成熟时期。这个时期石油危机的爆发和全球性资源的锐减，导致城市规划的项目和经济支出也同时缩减。此时的城市规划十分注重公平原则，社团居民可以全程参与规划和政策的制定。1977年,《马丘比丘宪章》对城市规划中进行公众参与给予高度的肯定。公众参与也成为一种保障民众权益的必要手段,并在规划中被逐渐运用。到20世纪90年代中期,各国范围内的NPO、NGO等市民组织也逐渐兴起,标志着公众参与开始进入了成熟期,基本上完成了社会运动化向制度化和理论化的迈进。

(2)理论基础

伴随着城市规划中公众参与的发展演变,相关的理论研究也取得重大的成就,逐步从精英主导下的理性终极规划,转向关注规划师的社会职责,并越发重视在规划编制实施过程中开展公众参与。表1-1所示为公众参与的主要理论研究。

公众参与主要理论研究　　　　　　　　　　　　　　　　　　　　　　　　　表1-1

理论	年份	代表人物	重要作品	主要论点
"市民社会"	1821	Hegel	《权利哲学》	认为市民社会是资本主义诞生和发展的重要标志
	1835	Tocqueville	《论美国的民主》	
"倡导性规划"	1962	Paul Davidoff	《规划的选择理论》	规划过程中应该存在多元化思想
	1965		"倡导性规划"	应将城市社会各方面的利益诉求结合一起考虑
"市民参与阶梯"	1969	Sherry Arnstein	《市民参与的阶梯》	将市民参与城市规划的程度划分为3个阶段8个级别
"联络性规划"	1994	Sager	"联络性规划理论"	规划师在决策过程中应运用联络互动的方法达到参与决策的目的
	1995	Innes	"联络性和互动式实践范式理论"	

在黑格尔(G. W. F Hegel)的《权利哲学》以及托克维尔(Alexis de Tocqueville)的《论美国的民主》中,诠释了"市民社会"理论,重点阐述了要保护非政府组织和团体的权益,必须要加强公众的参与权,营造市民社会,为公众参与城市规划奠定了政治基础。1962年,保罗·达维多夫(Paul Davidoff)提出"规划的选择理论",主张规划师应该要提供尽可能多的方案给公众选择,将选择的决定权交给社会。此后1965年,达维多夫又提出"倡导性规划"的概念,强调规划应该是自下而上的过程,组织各方利益群体共同协商,综合考虑社会、文化、经济等方面的因素来编制规划,保证规划的民主性、平等性和公正性,对城市规划中公众参与的理论和方法进行了大胆的构想和实践,开启了其在规划中的实践。而后1969年,谢莉·安斯汀(Sherry Arnstein)基于公众参与在规划中的实践程度和其机制效用,提出了"市民参与阶梯"理论,把参与的程度分为3个层次8种形式(图1-1)以表征公众参与的程度。对公众参与的效果评价具有重要的指导意义,使公众参与成为可操作性的技术手段。

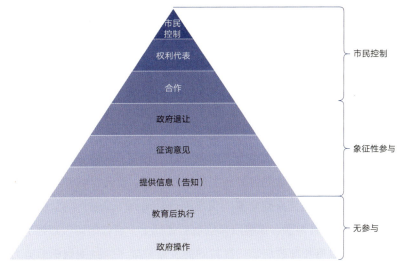

图1-1 市民参与阶梯示意图

  20世纪末，公众参与理论传入我国，在规划中引入公众参与的模式受到学者的关注，开启了国内有关参与式规划的研究。参与式规划是城市规划的一种模式，亦被称作为城市规划的群众参与过程。艾丽丝·霍雷利（Horelli）（2002）认为"参与式规划是一种社会、道德和政治的实践行为，是个体或组织通过使用各种工具，不同程度地参与到规划和决策过程中，以满足参与者的需求，保障其利益的方法"。公众参与是参与式规划的核心内涵，强调各利益群体全面参与到社区规划中，其规划内容包含社区发展、社区治理、环境空间改善等诸多方面。规划不应只是技术理性主义下的工具，也是面向大众的社会性服务。参与式规划通过各利益相关方的合作参与，获得多方的建议和意见，以自下而上的方式展开，避免了规划决策中可能存在的单方失误。强调多元社会主体，特别是社区中的群众群体，通过参与规划进程，与传统的规划主导者，从宏观到微观、从物质层面到非物质层面，进行充分交流与沟通，从而达成多方共识，构筑规划方案的基础，确保对群众诉求与群众利益的充分吸纳及表达，实现多元利益主体之间的均衡。列斐伏尔（Lefevre）指出参与式规划是城市规划的一种模式，公众参与是参与式规划的核心内涵，强调各利益群体全面参与到社区规划中，其规划内容包含社区发展、社区治理、环境空间改善等诸多方面。

1.3.4 协作式规划理论

  协作式规划理论指20世纪60年代后在批判理性规划基础上产生的以公众参与为基本方法，对城市规划的本质展开反思的一系列理论。20世纪60年代，随着西方社会分异的加深，基于价值中立的理性规划模型开始受到批判，学者们开始反思规划的价值取向，兴起对公众参与规划的研究，其中以达维多夫的倡导式规划最为突出。该理论认为，社会由不同利益群体组成，每个群体有权要求分得自身应享有的那部分社会资源。该理论对城市规划发展产生了根本性及方向性的影响，标志着西方城市规划向公共政策的转变。在倡导式规划理论基础上，学者又发展了沟通式规划、协作式规划等多个同源的理论概念。这些概念均建立在更为广泛的合作、交流和沟通式的规划基础之上，并对公众参与的形式、内涵、深度展开了充分的探讨，如弗里德曼（John Friedman）提出交互式规划，强调沟通主体的平等性以及规划师角色的转变，从"向权力讲授真理"到"参与决策权力"转变。

"协作式规划"的概念最早于20世纪80年代提出，市民社会意识的崛起促使社区规划从传统的由政府主导、精英导向转变为多元主体协作参与。至20世纪90年代，协作式规划理论逐渐成为主流，其理论基础是哲学家哈贝马斯（Jürgen Habermas）提出的"沟通行为与沟通理性"，指出在充分沟通、掌握所有信息的基础上，合作是可以理性的。该理论融合了治理的思想，要求政府和非政府部门在共同的发展框架下为共同目标而努力，也重新定位了规划师的角色。之后，协作式规划从"沟通行为与沟通理性"，发展到与西方社会科学新概念相融合，呼吁政府应主动促进各主体之间的合作，不同利益主体之间通过交流达成共识，既保障了规划决策的针对性和有效性又实现了共同利益最大化。

协作式规划在社区层面上由各利益主体共同决策，包括地方政府、社区组织、当地居民、相关机构及合作伙伴等，由于现今形势多变，社区规划从文本到付诸实践注定是一个漫长又复杂的动态历程，各利益主体之间容易出现冲突。现在常通过构建沟通协作平台来调解矛盾，沟通协作平台由居民、开发商、地方政府、社区基层机构和非政府组织（NGO）等共同搭建，通过谈判讨论和共享知识达成共识。为了降低社区规划的运营成本，提高规划效率，形成伙伴关系并实现共同目标，搭建了密集的社交网络帮助参与者之间交换信息，而其产生的规划协作效能还有可以转化为公共政治资本，促进社区内外市场之间的资金流动。向协作式规划转型对各方社会力量提出了前所未有的挑战，社区在应对多元主体参与的复杂局面时，都应以公平化、透明化、科技化为发展目标进行探索。

1.3.5 社会空间理论

社会空间理论是指，20世纪60年代空间的社会转向后，经由列斐伏尔、哈维、卡斯特尔、福柯等人研究发展所建立起来的基于社会-空间辩证法的一系列理论方法。其阐释的核心内涵为：空间既是社会行为的媒介也是社会关系的产物，空间现象变迁反映的是社会关系的变化，城市生产已由空间中的生产转向了空间本身的生产。由此，空间成为检视社会关系变迁和社会生活变化的重要视角。列斐伏尔进一步在其空间生产理论体系中，提出了"空间三元论"，以"空间实践""空间的表征""表征的空间"三个层次解释空间的生产过程，建构了资本主义制度下城市空间生产的元理论。在此理论基础上，哈维着重关注了资本对于空间重塑的作用，提出了三重资本循环理论，苏贾提出了第三空间概念，强调了政治权利和意识形态对城市空间生产的影响，德塞都则强调了微观行动者的力量，指出"日常生活实践"就是作为实践主体的大众相应于具体环境、具体机制而进行的"使用者"的运作方式。空间生产理论在这些研究学者的演绎下，成为剖析城市社区更新中空间现象背后政治、经济、文化、社会多维因素的重要视角。

1.4 文化、城市及社区更新的互动

▶ 社区是城市的基本细胞，具有独特的属性和文化氛围，是文化认同的具体承载空间和文化复兴的重要场域。然而社区认同并不是自然发生的，其借助于社区事务的长期实践过程逐步作用于社区，并于人群间建立和形成社区认同感从而得以强化。以文化作为驱动力量作用于社区更新成为一种新的方式，文化是城市、特别是旧城独有的特色所在，而文化活动的本质是源于人的生活休闲娱乐需求。

1.4.1 文化场景与文化动力学

20世纪90年代起，英国城市中心区经济衰退，生活、生产、娱乐等众多功能随着人群从城中区迁移至郊外。政府意识到城市中心区更新是必要和迫切的，因此采取兴建文化休闲娱乐设施的方式来振兴中心区。此后政府将"文化"视为旧城更新中的附加因素，文化政策刺激城市消费和旧城文化空间的建设。以"高雅文化"与遗产旅游相结合的方式发展城市中心区的娱乐业，在城市文化休闲经济的消费促进下，旧城中心区成为"娱乐机器"。

学界对于城市空间和社区发展的研究呈现出"文化转向"的趋势。芒福德（Lewis Mumford）从城市历史发展的角度研究广义的城市文化，并指出城市的基本问题围绕着是否满足人的基本需求而产生，城市设计应当起到促进人的交流的作用。沙朗·左金（Sharon Zukin）指出城市文化所蕴含的符号经济和公众生活的重要性。弗洛里达（Richard Florida）指出创意城市是新的创新型后福特主义产品，创造力和城市围绕一定准则而往复，强调了创意阶层作为先进文化生产力代表的重要作用。由此可见，不同视角的文化与城市相关研究均指出文化在城市发展中扮演着重要的角色。建立在对文化与城市的互动关系认识之上，研究城市文化推动城市社区更新的动力机制具有重要意义。

场景理论认为城市文化是支撑城市发展的重要力量，研究一定社区范围内文化设施、创意阶层以及环境所蕴含的共同价值之间的内在关联。

新芝加哥学者克拉克（Terry Clark）指出场景理论的7个维度，即社区、物质结构、多样性人群、人群活动、环境与人群活动表达的意义与价值、公共性以及政治学与政策。建立在对欧美学术体系的场景理论的基础上，学者吴军结合国情指出文化动力学的中国化理解维度，即生活文化设施、多样性组织、文化实践以及三者所构成的文化场景。因此场景理论及文化动力学对文化价值的探讨逐渐聚焦于社区的范围，且强化人的主体性以及城市建设对日常生活文化设施的关注度。同时，场景理论强调多种要素的组合，其呈现的最终特征是基于在地文化要素的挖掘和各要素的协同作用的结果。此外，场景理论也为城市更新的活力提升提供了分析工具，着眼于城市特定空间载体以及人群、活动和价值追求的互动作用，孕育了创意空间、创意社群等新的理念和分析方法。

1.4.2 文化规划与文化资产

城市更新向文化休闲产业转型的过程中，旧城文化区与创意空间成为城市竞争的关键资源。"文化城市"的建设逐渐聚焦于后工业城市的"文化区"和文化"集群"的建设，城市中心区过剩的工业空间成为创意产业的理想之地，促进了艺术与文化生产活动的交汇交流，同时也为地方带来活力。文化是城市发展的软实力，将文化政策应用于旧城社区更新并指导城市建设活动成为一种趋势。然而，市场化的旧城社区更新常常以消费娱乐的方式刺激城市经济发展，长此以往的单向性造成地方人群边缘化以及外来人群的过度引入，区域绅士化现象由此生成，因此文化保护利用如何与在地社区结合发展亟待探索。

哈维首度提出"文化规划"的概念并指出，将其运用于社区建设可达到社区文化认同和社区资源运用的双重目的。英国德蒙福特（De Montfort）大学国际文化规划和文化政策研究室认为，文化规划是城市及社区发展中对文化资源战略性以及整体性的运用。美国学者克雷姆（Craeme）指出，可以通过文化规划动员人力、财力等各种资源从而解决社区发展的问题。建立在国外研究的基础上，学者黄鹤研究中国城市文化规划的发展历程，并指出文化规划的中国化路径应强化整体发展以及社会经济的综合发展，聚焦文化资源和文化需求、加大公众参与力度，形成多层次的规划空间和多样化的规划类型选择。

城市的文化战略和规划显示了文化要素在城市发展中的重要作用。学者黄瓴指出，资产为本的社区更新强调开发与建设社区的内在能力与加强社区资产的价值的重要性，相较于传统需求为本的社区更新，是一种更具积极性和整体性的发展策略。既包含有形资本也包含民众生活方式、传统文化和价值观念等无形的文化资本。资产为本的社区发展过程包含社区组织、构想、规划、公共参与、事实与评估，由此形成社区发展的闭环。因此文化规划和文化资产具有的意义与价值包括：①具有整体性和策略性，是文化运用于城市、社区规划和设计层面的指导方法；②强调内在能力的建设和文化资源的挖掘，以"营造场所"为目标，重新认识社区文化的内涵和价值，丰富社区文化更新；③强调多方参与的伙伴关系建立，确保政府对公益性文化事业的投入以及为社区文化建设建立广泛的资金来源渠道。

由此可见，文化休闲产业刺激城市发展是从工具主义出发，将文化更新视为城市经济发展的推力。另外，文化场景与文化动力学，以及文化规划与文化资产均建立在功能主义的视角上，诠释文化驱动社会问题解决的流行。

1.4.3 文化驱动下的设计介入更新

文化驱动是对文化发现、挖掘和创造的过程。文化驱动城市社区更新，即外部力量介入并推动社区内生力的培育，将社区文化转化为软实力和权力并作用于社区更新。对于文化驱动背景下城市社区更新的设计介入，即基于对在地文化的发现挖掘，培育文化触媒，在社区内部驱动力量和外部驱动力量的支持下构建多元主体的协力平台，共同确立社区未来发展目标，以空间和治理为介入路径，激活社区文化资产并推动创新价值的实现路径（图1-2）。以行动规划的介入形式，通过分片区或试点的探索，推动形成区域产业联动。在场群效应和行销之下推动社区规划由市场引导模式向文化场域营建的转变，达到社区空间环境提升和治理创新的双重效果，实现文化驱动社区更新的目的。文化驱动城市社区更新可以通过文化建设活动的长期实践，促成社区文化认同的建立与形成，可包括：①借由社区公共文化服务的建设，营造新的社区文化氛围；②通过普通认可的实践方法，与社区居民共同确定问题，鼓励其在社区事务中承担角色，共享参与的权力；③运用治理的观念推动社区文化理念更新以及管理方式和功能作用的提升与挖潜等。

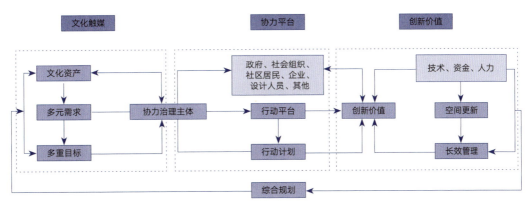

图1-2 文化驱动城市社区更新的模型

1.5 西方国家社区更新的发展历程

1.5.1 大规模"以新换旧"式的城市更新阶段

20世纪60年代之前,城市更新被简单界定为"以新换旧",更新的任务就是通过综合利用土地来清理不良住区、优化城市环境。英国和美国在1947年和1949年先后出台了《城市规划法》和《住宅法案》,自此之后,西方发达国家的城市更新步入了法制化时代。首次城市更新大会于1958年在荷兰召开,会议建设性地将城市更新定义为"对于自己的住所及周围的环境或交通、学习、工作、娱乐等生活有各种不同的愿景与不满的城市居民,可以修缮改造其住所,也可根据需求尽早改善提升街道、公园、绿地并清除不良住区。特别是针对土地的利用形态或改善地域地区制,实施大规模的都市计划事业,实现舒适生活及形成美丽的市容市貌,这里的定义是只要改善与城市相关的内容,就是城市更新。"奥斯曼的巴黎改造与柯布西耶的"现代城市"是当时最有名的理论,而"集中主义"则成为解决各类城市问题的主要方式。

1.5.2 综合性规划理念的转变阶段

20世纪60~90年代,城市更新实践层面问题频发,大范围、大规模的"拆旧建新"导致了中心城区商业开发过剩、城市空间失去特色、低收入人群被迫外迁等问题。城市改造的思想观念也有所转变,旧有目标下大拆大建式的城市更新饱受争议,而全面、综合的城市更新理念广受推崇。芒福德认为,"大拆大建"式更新只是无目的地、集中破坏了城市的有机机能,受损的城市仍需要挽救治疗。同时期,简·雅各布斯等学者也提出,大规模改造计划缺少弹性和选择空间,他们更加支持"小而灵活的规划"。随后,"拼贴城市""新城市主义"等一系列理论接踵提出。学者们开始逐渐意识到功能多样性对延续城市活力的重要性,任何城市功能都无法单独存在。小规模渐进式的更新方式更有助于延续城市文脉和保护历史风貌特色。

西方国家在20世纪60年代后期关于城市社区发展问题的反思主要包括：①对于城市及地区各类问题及其现实情况的分析，是城市更新改造工作的重要前提；②尽可能采取全面综合的政策解决具体问题，高效利用自然、经济及建成环境等资源；③全面改善城市物质空间、社会构成、经济发展与生态环境是城市更新工作的主要目标；④呼吁利益相关者积极参与高效合作，尽可能满足各方的合法权益；⑤不强求城市中的不同层面保持相同的更新速度，调度各种资源以均衡整体进程。

1.5.3 小规模渐进式更新的社区综合复兴阶段

20世纪90年代以来，受到可持续发展热潮的影响，西方国家解决城市衰败问题的方法逐渐从"城市更新"转向"城市复兴"。即从全局视角出发、以行动导向解决城市发展中的现实问题，从经济、社会、生态、文化等多方面推进社区可持续发展。1999年，英国建筑师罗杰斯（Richard George Rogers）提出，"要完成城市的复兴，不仅关系到数字和比例，还要建造一种多数人所期盼的高质量、高活力的城市生活"，并引导新时期的城市更新发展方向。

本阶段的更新实施渐渐向社区综合复兴转化，其主要方式是通过渐进式更新以达成更加完善的更新目标，以及覆盖更加广阔的更新领域。重视有关居民意愿、改善物质环境、综合考量规划与文化的提升、制定政策与法律法规，这些方面在城市更新过程中引起了学界的广泛重视。政府、居民及经济组织开始共同参与到老城区更新过程中，居民的意愿与参与权同时受到立法保障。这一时期，西方发达国家城市更新的主要目标是改善城市环境、创造就业机会及促进邻里和睦。

1.5.4 多元参与、全面综合的城市更新提升阶段

伴随着城市更新实践的不断增多，规划师认识到城市问题日益复杂。伴随着城市土地价值的不断攀升，城市之间的资源竞争加剧，城市社区更新的诉求也愈发强烈。综合全面的城市更新理念与实践成为当今社会的共识，政府、经济组织和社区逐渐达成合作，着手介入旧城区、旧社区的更新实践和改造。20世纪90年代后，城市更新正式从单一的物质环境改善转向更全面综合的多元化更新。

2000年以来，西方国家对城市社区更新的探究更加多元化，对更新方式的理解从原来单一的物质环境改善转向综合的、全面的多元化提升层面。开始更多地关注更新利益调和、政策制定、经济影响等问题，运用行政和立法等手段，振兴旧城经济、解决社会问题和提升城市竞争力。在这个阶段，由居民、专家、设计师、社会组织在内的多元主体逐渐提升更新参与度，积极参与城市更新。"城市针灸"理论是西班牙建筑师与城市学家马拉勒斯（Manuel de Sola Morales）提出的，他强调小尺度的城市更新，因其规模较小，故更新

时间也相对较短，可实现更新层面的以点带面，并带动其相邻地区的城市更新。

西方国家城市更新的发展历程，给我国社区更新带来了如下启示：①政策演进，西方国家的城市更新是从单一层面的物质更新转化为社会、经济、文化全面复兴的综合性更新，政策导向也从政府主导转向多元主体共同参与。②发展起源，其更新以为公众谋取利益和提升城市整体竞争力为目标，注重保护低收入阶层的利益，并立足于长远回报，不盲目追求眼前小利。③多元渐进，更新发展方式从粗放式演进为小规模渐进式的发展，力求因地制宜，适合自己；由最初单一的物质目标发展为综合多元的行动计划与社会政策，社会、文化等要素在更新实践中日趋重要。④以人为本，更新的发展历程从最开始的清除贫民窟到后来的邻里重建，在这个历程中，"人"在旧城更新中日益重要，"以人为本"渐渐成为更新活动的理念，居民的角色也发生了转变，由最初被动式配合转向主动式参与，具体表现为居民对更新提出意见、参与投票、投诉反对等。

1.6
我国城市社区更新的实践

▶ 我国对城市社区问题的关注是在改革开放之后。从早期的危旧房改造，到旧城改造，再到现今的社区更新，国内城市和社区更新发展也在逐步演进。

1.6.1 旧城改造的综合探索

1978~1990年，伴随着国内市场经济复苏，恢复城市规划与城市改造体制的改革，国内城市更新重点在于依据城市相关规划对旧城进行改造。我国对于旧城社区更新的政策方针一直是"既要积极，又要稳妥"，这段时间内与旧城相关的建设活动多以试验和研究性质为主，多为小规模的环境改善以及拓宽改造城市道路、改造危旧房区、整治城市水系和环境、建设重点工程项目和保护文物建筑等。但本阶段，旧城暴露出功能老化、"欲新不能"、城市特色匮乏等问题。

从1980年起，我国先后经历了以保护历史文化名城、城市规划、旧城改建等以政府为主导、以经济发展为目标的发展历程。1983年，吴良镛院士阐述"城市有机更新论"，反思北京旧城改建的学术思想，并在北京菊儿胡同的旧城社区改造中进行了"有机更新"理论的实践，即采用适当规模、适当尺度，依据改造的内容和要求，不断提升规划设计质量，妥善处理现在与未来的时空关系，最终使每片城区的发展都可以达到相对均衡完整的一种程度。1984年全国首次旧城改建经验交流会召开，自此开始，各种与旧城更新相关的学术会议相继召开，该领域的关注度也逐渐增加。1989年我国《城市规划法》正式颁布，旧城更新自此开始成为正式的规划术语。

1.6.2 房地产开发的拆建式更新

伴随着改革开放的逐渐深入和市场经济体制的进一步完善，房地产开发仍旧成为多数地方财政的主要来源。1990~2000年是我国经济转型期，地产开发与经营主导了城市改造模式，本阶段的城市社区更新重点是追求经济利益最大化，实现以大规模、高速的旧城区拆除作为新城重建地。为解决旧城社区改造中数额庞大的费用问题，引入房地产开发来推进旧城改造几乎成为政府唯一的依靠，"旧城改造"本质上沦为"旧城开发"。伴随着市场经济体制的逐步完善与国民经济发展水平的不断提高，经济效益主导的大规模"旧城改造"项目在全国各地如火如荼地展开。旧城改造开始逐渐成为扩张式的房地产开发项目，其特征是规模大、商业改造比例高。这种改造模式虽然在一定程度上提升了城市面貌，但也导致了例如旧城文脉遭到破坏、居民补偿与安置负担较重、城市空间无序等一些问题的产生。

在市场经济时代，城市更新的主体呈现多元化局面。各类利益主体通过赎买、置换产权等市场化手段批量来获得土地，进而再将其进行大规模地开发更新，这种模式将旧城区特有的房屋产权纷繁复杂的问题"化繁为简"，简单而高效地解决了政府对于旧城更新的难题，与此同时，还获得了大量税收，增加了当地财政收入。

旧城更新中我们对市场机制存在的缺陷认识不足，以及针对这一问题进行的干预制度设定不完善，导致以改善居民生活条件为初衷的旧城更新被转化为以商业盈利为目的的行为，公众利益关注不够。同时，开发范围的逐步扩大，政府对于市场化更新对城市风貌损害的认识不足，以及现行制度中的约束政策缺失，城市历史风貌消失的现象有增无减。

直到20世纪90年代中后期，我国的社区更新才逐渐引起各方重视并把借鉴国际先进理念和经验与我国实际相结合。在这期间，主要的研究包括：1994年学者阮仪三提出，运作市场经济机制虽加快了旧城改建的速度，但改造目标受限于局部狭隘的效益，而缺少从城市全方位的、综合的、历史的和长远的社会网络机制的角度制定改造策略，这也导致了诸多问题的产生；1999年，学者阳建强等在总结我国改革开放以来城市更新的发展历程及实践成果后，对于适应我国现实国情的旧城更新机制进行了全面而综合的论述，提出稳妥谨慎的渐进式城市更新是未来更新理论发展方向；2000年，学者方可就北京旧城居住区的历史保护与社区发展问题展开相关研究，深刻反思与批判因大规模改造而带来的问题后，从宏观策略与具体方法两方面提出了相应的理论研究框架。2004年，香港大学学者张更立引入介绍英国城市更新理论，提出了对我国指定城市更新政策的启示，包括要加强社区民众参与，强化政府在城市更新中的协调、引导和促进功能等。2014年，学者汪德华在《中国城市规划史》中提出房地产开发过程导致城市土地商品化及片面追逐经济效益导致损害环境问题，为城市更新带来挑战。2019年，学者边兰春等提出对北京老城整体保护进程中，需要坚持传统风貌延续的整体性和社会生活演进的延续，充分发挥政府和公众作用，来实现一种以社会化可持续原则为导向，通过有差异化及针对性的保护路径实现地区发展复兴。

1.6.3 逐步聚焦社区更新实践

2000年以后，我国的社区更新实践开始有了长足的发展并催生了各种发展模式，例如旅游业植入、商业植入和文化产业植入等。但在开始阶段，我国以政府为主导的开发式更新模式仍未发生质的改变，社区原有的社会结构、传统文化、城市肌理和产业链等都仍然遭到不同程度的毁坏，社区民生与文化的保护仍然大多流于形式。城市发展缺乏社会根基，在经济发展上仍旧容易出现不可持续、顾此失彼的状态。其次，在社区更新的发展脉络上，商业植入已成为社区更新最为普遍的形式，该模式主导的社区更新以多元业态、具吸引力的传统文化、物质环境改善以及社区民生发展等要素来决定其经济效益增长的可持续性，但市场的逐利性注定让各要素无法实现统一。可见，社区更新若是以获取经济效益为主要目标，则是对其复杂性缺乏足够认识的表现。在没有考量社区的实际情况时，采取全部拆除重建的粗放开发模式，最终对社区内部结构和城市历史文脉必然会造成十分严重的破坏。

快速、多元与综合化的城市建设与旧城更新的结合发展，其重点仍倾向于物质空间的改善，但面对综合性、整体性的更新理念，"自下而上"的更新诉求也陆续出现。随着我国经济与社会的进步，社区更新的导向由最初的物质改善需求上升为民生发展、生活形态、文化模式和市民精神等既有物质需求又有精神特征的整体诉求。其中，不仅表现于完善的公共配套设施、畅通的交通组织和优质的居住环境等基本需求，也同样表现于社区居民对于本土地域文化的传承、原有社区风貌特色的延续、社区"场所精神"与现在生活方式的共融等精神领域的迫切希望。这段时间进行的更新研究，主要集中在城市更新的发展历程、案例和新潮理念等方面，大多数研究针对过去大规模的旧城改造模式所存在的诸多缺陷进行了反思，开始关注更新的制度、政策与法规等问题。然而总体而言，在城市规划、法律、公共管理等学科研究领域的社区更新政策与制度研究均处在初步阶段。

1.6.4 多元化的参与式社区更新

在当前新时代背景下，亟需根据不同地域特征，开展因地制宜的社区更新实践，并在此基础上总结和凝练适合地方经济、社会和文化发展水平的社区更新理念和方法。近年来，北京、上海、重庆、广州、成都、南京、武汉以及厦门等地已经开展了诸多参与式社区更新实践活动，积累了一定的地方经验。

例如，北京对老旧社区的"有机更新"，在对硬件设施的综合整治基础上，对长效的管理机制进行更新升级，通过运营管理的提升改造社区品质。上海以徐汇区为试点，发起新类型的邻里服务设施"邻里汇"，即营建由政府主办、以街镇为依托，多元主体参与的社区服务和社区治理共享空间，满足社区服务的多元化，解决现有的公共服务空间较少、公共资源分布不集中等情况。重庆基于文化策略的核心理念，在嘉陵桥西村、大井巷等综合环境整治规划项目中，从环境整治到历史记忆和市井文化的挖掘与梳理，重建社区邻里关系、重塑社区场所精神、重造社区公共空间和重现社区支持网络，通过构建社区文化和生活线路，实现渝中区旧居住社区的文化复兴。广州从"三旧"改造、"1+3"政策到重点探索"微改造"模式，一系列对于城市更新、老旧社区更新改造的政策和实践探索取得了巨大的进展，从盘活存量建设用地、节约集约用地延伸到改善人居环境、促进产业转型升级、社会治理体系完善和人文精神重构等，逐渐推动了老旧社区的更新发展。成都提出"社区微更新"这一循序渐进的城市更新理念，遵循增存并举中适应存量的发展思路，以微小投入解决微小空间和微小问题。着眼社区基本单元，以群众需求和参与为导向，对社区内品质不高、长期闲置、利用不足和功能不优的微型公共空间和老旧建筑进行改造提升，推动城市存量空间的活化与利用。南京通过开展"微更新、微幸福"的社区公共空间更新方案征集竞赛，面向全社会居民、在地化团体和专业团体征集更新方案，并选取了若干个小区的公共活动空间为试点，通过"微更新"活动改善小区的公共空间环境，创造具有归属感的社区。武汉戈甲营社区从共同组织、共同规划、共同建设和共同管理四大板块入手，构建公共参与平台，吸纳多元主体参与其中，从不同的视角发现社区和谋划社区，最终相互协商达成共识，共同建设和管理社区，推动社区发展。可见，目前社区更新已逐步成为全国范围内的一次新的城市发展浪潮，并呈现出多元化和地域化的特点。

第 2 章　厦门城市社区更新历程与共同缔造理念

2.1　厦门社区更新历程
2.2　指导厦门实践的共同缔造理念
2.3　厦门社区共同缔造的工作路径

2.1
厦门社区更新历程

▶ 厦门市位于福建省东南沿海,明代至今积淀了浓厚的海洋文化,具有海洋经贸发展下的城市肌理及社会特征。在漫长的开埠通商历史中,受到海洋商贸人群往来及多元文化的影响,成为一座融合多元人群的移民城市,并逐步形成了包容、自由而开放的社会氛围。

在城市范围的概念中,厦门属于一个中型城市,它的城市发展受有限的海岛土地牵制。在近20年快速的城市建设及拓展下,厦门岛内建设用地趋于饱和,逐步进入了存量发展阶段。为满足持续发展的需求,厦门市将关注点也更多地转移至新区建设和历史街区的保护中。然而,城市的发展建设用地毕竟有限,在日趋严格的国家土地政策调控下,增量土地的供应必将日益趋紧。据建设部门初步摸底,厦门市的旧住宅小区有100多个,建筑面积3000多万平方米,占全市房屋总面积的40%。面对大量存量土地,如何通过社区更新来推动实现存量用地复兴,改善社区内生发展动力,带动功能置换及新的经济增长,必将是现在及未来很长一段时间内厦门市重视的主要问题。

2.1.1 厦门社区发展概况

2.1.1.1 社区类型

从行政分类上看,厦门的社区分为两级,即街道社区与基层社区。其中街道社区是指街道办事处管辖范围下的城市地域空间,基层社区是指居委会管辖范围下的城市地域空间。根据《厦门市2014~2016城乡社区建设规划》中定义,社区是指聚居在一定地域范围内的人们所组成的社会生活共同体。厦门的基层社区,包含以下三种类型:

(1)城市社区是指由生活在一定地域范围内,而且大多数有劳动能力的人都从事工商业或其他非农产业的一定规模的人口形成的一种社会生活共同体,聚集一定规模的人口是城市社区形成的一个必要条件。现阶段城市社区的范围,一般是指按照社区体制改革要求,在对原居委会进行调整合并的基础上成立的社区自治组织以及新成立的社区自治组织所管辖的区域范围。

（2）"村改居"社区是指在城市化进程中，一定地域范围内的农村不再以农业生产为主要产业，农民不再以农产品收入为主要经济来源，"村改居"社区内的人员构成从农村户口改为居民户口，也就是所谓的"农转非"，村委会改为居委会或社区委员会。

（3）农村社区是相对于传统行政村和现代城市社区而言的，是指聚居在一定地域范围内的农村居民在农业生产方式基础上所组成的社会生活共同体。农村社区是一个比自然村落、社队村组体制更具有弹性的制度平台，是农民共同生活、学习、工作和栖息的一个有秩序的空间群落，是由有共同地缘的农村文化、习俗、信仰、价值观念、消费习惯、基本生活设施、经济社会生活所构成的地域空间。

2.1.1.2 建设现状

据2019年统计数据，厦门市户籍人口261万人，常住人口429万人。行政区划下辖有6个区、24个街道办事处、13个镇及487个社区居委会和村民委员会，其中城市社区居委会180个，"村改居"社区居委会156个，村民委员会151个。

其中厦门岛内为思明区和湖里区。思明区建设最为成熟，城市社区的数量最多，社区管辖面积较小，下辖10个街道、96个社区，其中88个城市社区，8个"村改居"社区。"村改居"社区主要分布在本岛的东部、南部，包括黄厝社区、西林社区等。湖里区下辖5个街道、52个社区，其中36个城市社区，16个"村改居"社区。按照城市的发展时序，城市社区主要分布在湖里区的西侧和北侧，"村改居"社区主要分布在近期开发重点的东部。

厦门岛外包括海沧区、集美区、同安区及翔安区4个区。海沧区下辖2个街道、1个镇、29个社区，其中包括10个城市社区，9个"村改居"社区，10个农村社区。农村社区的数量最多，主要分布在海沧区的西侧、北侧，城市社区和"村改居"社区分布较散。集美区下辖4个街道、2个镇、60个社区，其中22个城市社区，17个"村改居"社区，21个农村社区。城市社区和"村改居"社区的空间分布较为集聚，主要集中在集美区南部。同安区下辖2个街道、6个镇、129个社区，其中18个城市社区，30个"村改居"社区，81个农村社区，行政面积最大，涉及社区的数量最多，同时农村社区的数量也最多。翔安区下辖1个街道、4个镇、112个社区，其中6个社区为城市社区，有76个为"村改居"社区，30个农村社区，其中"村改居"社区的数量最多。

目前而言，从厦门全市的经济发展及建设情况来看（图2-1），城市社区更新的实践探索主要集中在城市建设较早、经济发展较快的厦门岛内，尤其是拥有大面积旧城的思明区，由于土地资源高度紧缺，较早出现了增长瓶颈，继而引发对存量土地的更新及再开发议题的深入讨论，如赵燕菁等厦门知名学者在该领域的研究也因此走在了全国前列。厦门较深入的城市社区更新也主要集中在岛内，其中社区矛盾最复杂、更新实践时间持续最长的几个社区主要集中在思明区，特别是在厦门岛东南岸线的旧城区域内，如本书所选取的三个案例，沙坡尾、曾厝垵和营平，集中代表了厦门社区更新实践在时间和深度上的实践典型，具有较强的代表作用。

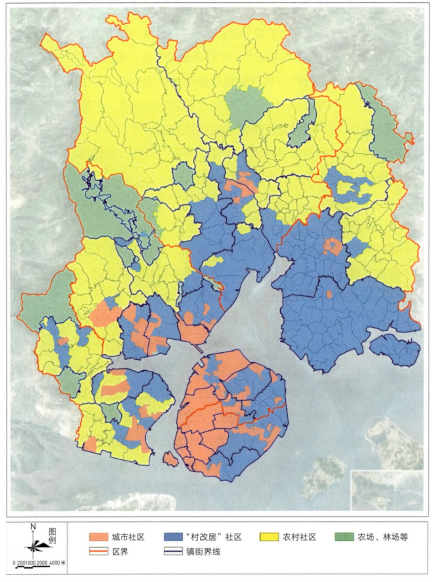

图2-1 厦门市社区类型分布示意图（图片来源：《厦门市2014～2016城乡社区建设规划》）

2.1.2 厦门地方政策背景

2.1.2.1 城市保护政策

随着当前城市经济和社会的发展转型，城市更新中对城市历史文化及风貌保护的意识逐步增强。2003年以来，中央及厦门政府相关的系列法律条例也在逐步积极调整完善，为社区更新的城市文脉及历史肌理保护提供了重要的指导依据和法律保障（表2-1）。

在保护内容方面，厦门所提出的政策从对物质层面的保护向对历史人文方面的保护转变，针对旧城中改建建筑的建筑高度以及建筑外立面改造进行规划控制，在人文历史方面，政策中提出城市文化品位提升的要求，注重延续城市历史文脉。针对风貌区发展方面，政策也提出了合理利用的原则，鼓励街区文化创意及旅游产业的发展来促进历史风貌区的保护和可持续发展。此外，政策更加注重公众参与、分类管理的重要性，提出历史风貌街区保护中居民参与管理，保护历史风貌的真实性。

国家及厦门城市有关历史文化街区保护法律条例 表2-1

年份	名称	主要规定内容	意义
2003	《城市紫线管理办法》	在编制城市规划时应当划定保护历史文化街区和历史建筑的紫线。其他城市的城市紫线由城市人民政府在组织编制城市总体规划时划定	扩大了保护对象的范围，要求各城市组织编制《城市紫线专项规划》，并提出建设控制要求，禁止大面积拆建
2006	《厦门市紫线控制专项规划》	严格保护街区（或片区）历史风貌建筑，禁止违反保护规划的大面积拆除、开发活动	确定了厦门市内4处历史风貌街区，划定厦门市紫线范围，规定保护控制内容
2010	《厦门城市规划技术规定》	旧城风貌区宜保持原有城市肌理、路网格局和街道空间尺度。旧城历史风貌保护区内翻建、改建和新建项目应满足以下规定	提出旧城风貌区保护的适宜范畴，并对旧城中改建建筑的建筑高度进行规划控制
2013	《厦门市城乡规划条例》	历史风貌街区应当整体保护，保持其传统的空间尺度、道路线形、历史风貌和建筑环境，严格控制历史城区内的建设强度，合理控制人口密度，完善基础设施	规定了历史风貌街区保护需涉及的相关内容，并对建筑外立面改造进行规划管控
2014	《厦门城市总体规划2011～2020》	保留街区传统格局、空间肌理及历史风貌，改善街区的周边环境、整合人文景观资源，提升城市文化品位，形成城市最具魅力的文化景观	规划提出了关于历史街区人文景观整合及城市文化品位提升的要求以及旧城改建更注重延续城市历史文脉
2016	《厦门经济特区历史风貌保护条例》	历史风貌的保护应当按照科学规划、公众参与、分类管理、整体保护、合理利用的原则，保护历史风貌的真实性、完整性与可持续性，保持居民生活的延续性	总则中提出了保持历史风貌街区中居民生活的延续性，并鼓励街区文化创意及旅游产业的发展

2.1.2.2 公众参与政策

（1）《厦门市城市规划条例》（2003年）

在2003年颁布的《厦门市城市规划条例》中，厦门首次对公众参与制度进行立法规定。提出"制定城市规划应当充分发扬民主，保障人民通过多种渠道参与城市规划制定活动"，并规定了"任何单位和个人有权对城市规划工作提出意见和建议，监督城市规划的实施，对违反城市规划的行为进行检举和控告"，要求在城市规划制定过程中，赋予公民公众参与的权利及监督检举规划行为的权利。并确立了城市规划委员会，规定在"城市总体规划、专项规划、分区规划草案；城市规划未确定和确定的重大项目的选址；法定图则、控制性详细规划；建制镇总体规划、单独编制的重点地段城市设计"这些内容的审批与决策之前，必须经过市规划委员会的审议。同时重视规划委员会成员中非公务员的参与，详细规定了委员会成员中"非公务员不得少于委员总数的二分之一";同时还规定了非公务员委员参会人数与规划委员会的会议频次及表决方式。然而在实际的规划公众参与中,非公务员通常是以相关领域的精英代表居多,多数公众无法通过参与小规模会议而参与规划的确定过程。另外条例中也对规划方案的展示时间、地点,以及公众提建议的形式、参与形式都做出了规定。但是值得注意的是,无论是规划编制阶段的草案公示,还是规划确定阶段的公众参与仅限于部分规划,并没有深入到修建性详细规划,可见,公众参与还没有涉及所有层次的城市规划。

这版条例虽然是厦门地方法规中关于公众参与制度建立的初步尝试,且仅在规划的部分阶段针对部分规划进行了相关机制的法律规范,但是它确立了厦门地方法规中公众参与的重要地位,具有重要意义。

(2)《中华人民共和国城乡规划法》(2008年)(以下简称《城乡规划法》)

2008年《城乡规划法》,是我国第一次在国家法律层面规定了公众参与规划的程序,为公众参与规划搭建了基本的制度框架。其对草案意见征询、规划确定(规划编制阶段);规划公布(规划实施阶段);规划评估、修改启动、修改编制(规划修改阶段)以及监督检查阶段均有详细的公众参与程序规定(表2-2),更系统具体地搭建了基本的制度框架,为之后各城市公众参与法规的制定提供了一定的依据。但是《城乡规划法》在制定公众参与制度的部分仍具有一定的局限性,缺乏具体全面的公众参与程序与保障体系,规划实践中公众参与的程度依然有限。

2008年《城乡规划法》公众参与程序及特征　　　　　　　　　　　　　　　　　表2-2

规划阶段	参与程序
编制启动阶段	只有部分修规启动可由部分特定公众参与
草案初拟	公众不具有参与规划的程序保障
草案意见征询	所有层次的规划草案的公示都成为组织编制机关必须履行的义务,有严格的时间要求并规定了参与形式
草案修订	公众尚不具有参与的程序保障
规划确定	除总规外其他形式规划的审批中公众不具有参与权利,且除了专家以外的普通公众无权参与总规的确定过程
规划公布	所有层次的规划,组织编制机关应当及时公布经批准的城市规划,为公众监督政府的规划行为提供了可能
规划评估	城市总体规划的评估过程中,公众具有参与的可能性
修改启动	除控规以外其他层次的规划没有类似的程序性义务,且征求意见的对象为利害关系人,也并非一般意义上的公众
修改编制	修建性详细规划中利害关系人可以针对确定需要修改的内容进行意见反馈
监督检查	公众有权监督城乡规划行为,并有权对违反城乡规划的行为进行举报及控告,同时对处理结果有知情权,也算是公众参与的一种形式

资料来源:作者根据《中华人民共和国城乡规划法》整理。

(3)《厦门市城乡规划条例》(2013年)

随着厦门市在规划中公众参与的需求日益加剧,《城乡规划法》关于公众参与的制度体系已无法满足公众参与意愿,因此制度的完善被提上议程。2013年,厦门在《城乡规划法》法规条例的基础上修订公布了《厦门市城乡规划条例》(以下简称《条例》),一定程度上细化完善了公众参与的程序与保障体系。提出应当"建立健全的公众参与制度,听取公众意见。"

针对规划公布阶段的公众参与,《条例》对规划展示及规划信息工作建设的部分以及规划信息公开平台的工作性质及内容做了相关规定,提出"市城乡规划主管部门应当设立规划展示固定场所,并配备方便查询的设施、设备。"与之前的公布形式相比,增加了公众知晓规划信息的渠道和对规划信息的直观了解,有利于其提出意见和建议,同时有利于公众监督检查城乡规划行为。此外,《条例》中的总规评估机制是2008年《城乡规划法》的延伸,规划修改部分由原来仅限于控规修改时其利害关系人有权参与,增加为规划中"确需变更强制性规划条件的以及变更限制性和建议性规划条件的"都需要在确定变更之前组织论证、公示,其中变更强制性规划条件的在报市人民政府决定后还需向社会公布,公示时间均不得少于十日。

与此同时,《条例》在规划公布、总规评估、规划实施及监督处罚部分均做了更为详细的补充规定,进一步完善了公众参与的制度程序体系,但仍存在着一定的局限性,例如关于规划确定阶段的公众参与,没有体现。值得注意的是,如果公众只有在草案意见征询中参与,而在草案修改及规划确定审批阶段均未参与,那么草案意见征询汇总的公众参与意见是否被采纳,并是否有针对意见进行规划修改则无从得知。即便规划确定之后会进行公布,但若无严重问题或涉及利害关系人的权益,一般不会再修改,那么草案意见征询中的公众参与则流于形式,没有发挥实质性的作用。同时条例中有关编制启动、草案初拟、草案修订和规划确定等部分的公众参与制度的确立仍需完善。

2.1.2.3 自主更新政策

在过去几十年的快速发展中,为了能够控制城市发展的规模与速度,地方政府通过对城市建设用地的政策调控来进行城市建设调控,政府的主导强有力地推动着中国城市发展和城市更新进程。随着厦门公众参与规划的逐步发展,城市社区更新从早期期望政府的全方位干预,渐渐转变为出现自主更新模式,即要求政府在制度与政策制定层面起到更多引导与协调的作用,在政策的制定中给予居民自主更新更多的可能性与支持。

(1)自主更新的政策背景

厦门是较早进行旧城更新创新机制尝试的城市,从原有以"拆建"为主的旧城更新模式转变为对自主改造模式的积极探索。2012年,由政府委托设计公司对旧城营平片区进行《厦门旧城更新再发展体制研究》,报告提出了旧城更新中相关物业经营许可的审批管理流程、直管公有房屋活化利用、政府干预向度及信托用于历史文化街区房产活化等方面的原则与建议。并通过制定《厦门历史文化街区复兴自治实施方案》《厦门市历史文化街区审议委员会章程》《厦门市历史街区社区参与实施办法》《厦门市历史文化街区企业登记办法》《厦门市历史文化街区房屋建设管理办法》《厦门市历史文化街区直管公房活化利用办法》等制度，为旧城渐进式自主更新提供了政策基础。

（2）"五原"原则政策

在对厦门本岛城市开发强度严格控制的建设原则指导下，根据《厦门市私人危住房翻修改造建设规划审批意见》与《思明区私人危住房翻修改造建设规划审批规定》等相关规定，思明区建设局核发《建设工程规划许可证》的审批原则中提出，须核定房屋翻改建是否符合"五原"原则，即："国有土地上的私危房翻改建工程，原则上不得改变原使用性质，不得超过原产权登记建筑面积、原用地权属面积、原建筑高度、原建筑层数。在不超过原产权登记建筑面积的前提下，原不成套住房可适当增设卫生间、厨房等功能设施。"私危房业主居民根据政策要求和标准可申请翻改建。对于居民来说，实现房屋翻改建的关键是获得《建设工程规划许可证》，通过"五原"原则在城市风貌保护上作为行政管理手段，体现出了一定优势，但同时也存在局限性，例如难以真正改善生活条件等，因而在推动自主更新模式时，政府也对于"五原"原则的相关规定和标准作出了相应的修改。按照初审、审核、竣工验收程序办理私人危房翻改建审批，在收件材料中体现办事指南，翻改建期间不受理转移变更抵押等相关登记，明确行政流程、规范审批手续。并通过自然资源、住房保障等相关部门联合监管执法，按照"谁审批、谁监管"的原则，避免办事推诿、职责杂糅等情况的发生。

（3）政府资金补助政策

厦门市政府对于自主更新实施"以奖代补"的方法来进行资金补助，但由于财政补助额度有限，在补助范围及补助主体的认定上较为严格。例如在《思明区老城区私危房翻建解危以奖代补办法》（后简称《办法》）中规定，一方面补助对象仅为危房，另一方面在补助金额上，主要为房屋主体结构和外墙装修工程造价的一半。据实地调研了解，该政策的补助金额一般低于房屋翻建整体工程资金的30%。此外，《办法》的补助对象为思明区鹭江、中华和厦港三个旧城街道范围内经鉴定为C级或D级的私危房，补助程序为翻建项目竣工后，居民将相关材料上报街道，由街道上报区财政审核，以工程结算价为计算基数申请奖励。补助内容包括方案设计费、房屋测绘费用、坡屋顶改造奖励、翻建主体结构和外墙装修工程决算价的50%，最高不超过1200元/平方米。政府"以奖代补"的方式解决了部分私有房屋更新资金短缺的问题，但同时也存在手续复杂、居民接受度低等问题。若是面对更加多元的自主更新需求，仅靠政府财政投入显然也不具有可持续性。

有些特殊发展地区，也设定了专门的以奖代补方案，例如《厦港街道环避风坞内侧房屋立面和屋顶提升改造以奖代补实施方案》，补助对象为环避风坞内侧房屋的环境及立面提升，但对沙坡尾旧城片区的大多数房屋并不适用。环避风坞内侧房屋需要按照指定设计风格，对房屋具有产权主体部分的立面和屋顶进行修缮或整建，或对房屋历史遗留无产权的建筑部分进行空间改善、立面美化和屋顶加固，或自愿对房屋历史遗留无产权建筑部分进行拆除。补助内容包括方案设计费用、立面改造工程资金的40%~80%及屋顶改造工程资金的80%。若对无产权建筑进行拆除的，根据建筑年限予以750~5000元/平方米的奖励资金。此外若居民对房屋居住环境及条件有要求、需要置换房屋的，可向政府申请房屋置换，置换后原房屋产权归政府所有。从以上自主更新方面政策的提出来看，在城市风貌保护与更新过程中，厦门市政府对于自主改造模式不断进行探索与实践，并对居民的自主更新制定更为规范与详细的政策与管理办法，促进居民自主更新的推进。但存在居民实施困难、政府提供资金不能满足多元自主更新需求和居民参与意识薄弱的问题。尽管如此，厦门市旧城更新中自主改造模式的积极探索以及"以奖代补"相关政策的提出对后续社区更新规划的推进提供了基础。

2.1.2.4 "共同缔造"参与式规划政策

2013年，厦门市启动了《美丽厦门战略规划》的编制，2014年审议通过。明确了厦门"两个百年愿景"，提出了三大发展战略，同时确定了"美丽厦门共同缔造"作为实施路径的基本内涵、工作步骤以及工作内容，极大地推动了社区建设和社区更新中的公众参与，并为社区公众参与提出了许多细致化的标准。

从《美丽厦门战略规划》编制开始，厦门市就积极推动多种形式的公众参与，例如，多次邀请各领域专家进行充分研讨，发放入户手册以及在市规划委网站发布规划进展，广泛征求市民意见。据统计，编制期间共收到了3.2万余条意见和建议，汇总之后逐一反馈修改，其中有1302条被吸纳进三年行动计划方案中。

在详细阐述"美丽厦门共同缔造"创新社区治理模式的内涵时，提出的首要内容为"以群众参与为核心""坚持走群众路线，发挥群众主体作用，尊重和激发群众首创精神""努力做到决策共谋、发展共建、建设共管、效果共评、成果共享""实现让发展惠及群众"。通过激发群众参与社会治理的热情，让群众参与到社区建设中，充分体现规划的"以人为本"和"为民谋利"。

该战略规划创新的机制和有效的实施，培育了公众的社区参与意识，增强了公众监督及参与的力度，在重视物质空间改善及社会经济发展的同时，重视对"人"的需求和对发展的关注。通过鼓励居民积极参与到城市规划工作中，推动实现厦门城市建设的共谋、共建、共管、共评与共享，逐步迈向美好环境与和谐社会共同发展的实施目标。

2.1.3 厦门社区更新历程

2.1.3.1 阶段一：城市再开发阶段（1990~2005年）

厦门大规模的旧城改造始于1990年代，主要包括厦门岛内东南区域的旧城。1990年代初期，旧城改造尚处于探索阶段，主要是单一、局部的单体建筑改造，此时对于旧城风貌的保护意识较低。随着确立"厦门加快从海岛型城市向海湾型城市转型"的发展目标，带动了城市新区和大型基础设施（主要是城市道路）的建设。由于建设需要，旧城改造工程大规模展开，开始了厦门真正意义上的旧城更新。总体而言，这一时期的旧城改造主要是针对城市旧城用地的再开发进行，以高强度改造开发为主，以居住和商业开发居多，厦门旧城更新进入了城市再开发阶段。

2002年，在当时政府财政和资源有限的情况下，厦门市政府提出了"四大平衡（就地平衡、积极平衡、紧张平衡和综合平衡）"的规划理念。尤其是针对旧工业厂区的改造，基本以经济平衡考虑为出发点，除了重点保护的历史风貌区域外，大多以较高强度的经济开发为改造思路。这一时期的改造虽然已经逐步建立了历史风貌保护意识，但是仍不具备历史街区整体性保护的思维，改造项目之间互相独立，大多没有延续城市肌理进行更新，对旧城的有机整体性产生了一定的破坏。

2.1.3.2 阶段二：旧城存量应对阶段（2006~2012年）

随着2006年《厦门市紫线控制专项规划》和2011年《国有土地上房屋征收与补偿条例》的出台，厦门市旧城内4处历史风貌街区和5处历史风貌建筑片区被确立，以商业开发为主要目的的旧城改造全面中止，紫线范围内的大面积拆迁行为被禁止。与此同时，拆迁补偿和安置标准逐年上升，改造需要投入的行政资源大幅度增长，以征地拆迁为主的旧城改造模式在经济、文化、社会和政治上都面临重重困境。旧城大拆大建型经济开发模式受到严格限制，规划更加关注于旧城的历史风貌保护，开始探索局部渐进式的保护更新模式。这一时期进行的以"微更新"整治为主的厦门营平片区改造，标志着厦门的旧城进入了存量应对阶段。

由于厦门临近日本和我国台湾地区，更新理念较早受到日本和台湾社区营造思想的较大影响，这时期开始有台湾团队在厦门进行了一些与存量规划相关的研究，对于旧城改造中的传统文化传承和保护有了一定的实践基础。具体尝试包括社区组织的建立、社会力量的凝聚以及促进居民参与到社区建设活动中等方面，除了较好地改善了旧城社区的物质条件外，还为社区建设注入了源源不断的动力，推动了社造行动在厦门旧城中的展开。

2.1.3.3 阶段三：旧城社区更新阶段（2013年至今）

2013年，随着厦门市启动"美丽厦门共同缔造"行动，厦门旧城开始以公众参与的形式来推动社区更新，以此来应对旧城面临的社会及空间问题，并形成了一套厦门社会治理体系的创新模式。由此，厦门的旧城改造进入聚焦社区整体发展的更新阶段，即以社区为基础，将城市环境的建设与城市社会的发展结合在一起，通过空间优化带动公众参与，搭建社区参与平台。并以此来重新凝聚社区中分散的个人，实现旧城社区社会的凝聚、功能的置换和产业的培育更新，完整地继承和保护传统历史风貌的同时，创新地解决旧城的发展问题。

从厦门社区更新历程来看，由于受不同时期社会经济背景的制约和影响，各阶段的目标和手段都表现出各不相同的特点，从拆建式更新到渐进式存量应对，再到参与式社区更新阶段，旧城改造的开发强度不断弱化。且随着对旧城认识的不断深入，风貌保护逐渐占据重要地位，规划逐渐关注到城市文化传承，关注到"人"的需求和发展，同时更加注重规划中的公众参与。

2.2
指导厦门实践的共同缔造理念

2.2.1 "共同缔造"的实践概述

▶ 2013年，在《美丽厦门战略规划》的指导下，厦门初步构建了以社区治理为基础的"纵向到底、横向到边、协商共治"的城市创新治理体系，这个旨在促进美好环境与和谐社会的共同发展的参与式规划实践被称之为"共同缔造"。

共同缔造的核心是政府、公众、规划师等多元主体共同参与，推进社区的公共事务，从而提升社区建设。首先由政府牵头激发群众参与社区建设和治理的热情，政府和规划师利用专业优势，整合社区内部的潜在资源，发挥社区内关键人物的重要作用。其次，建立社区内的共同议事平台，共同讨论寻求社区发展中存在的核心问题，以此作为社区共同缔造的抓手。最后，在议事过程中形成共建方案，统筹社区内外的可用力量，搭建基层服务平台，并建立自治共管的长效机制，为后期发展提供长足的制度保障。

共同缔造涉及主体众多，分布各行各业，需要建构统一的社区治理体系框架管理碎片化主体。其关键是探索组织培育与进行制度创建，通过实践探索，以党建为引领、统筹为基础、协商为动因，梳理各层级政府职能实现"纵向到底"，统筹各类型社会资源实现"横向到边"。"纵向到底"指的是通过向下延伸社区党组织体系，构建"社区党组织+居民小区党组织+楼栋党组织+党员家庭户"的社区治理组织体系，塑造社会治理基本单元，充分发挥党政引领作用，利用群众来组织群众；"横向到边"是指构建涵盖社区内各党政机关、事业单位、大中小微企业以及服务业组织的，以行业类型为划分基础的党建联盟型社区治理组织体系，把个人都纳入治理组织中来，结合党组织、工青妇团、自治协会等群团组织与新兴社会组织力量，在党组织领导下承担各自的治理任务。通过"纵向到底"和"横向到边"的组织，构建大党建格局，从而实现纵横相连的协商共治。在共同缔造的具体实践过程中，应挖掘社区中宝贵的人才资源，发挥他们的带头作用与辐射能力，并加大社区社工人才的培养力度，发展壮大社工团队。且通过"以奖代补""简放政权""购买服务"等方式调动共同缔造多元主体的参与积极性，实现政府与社会的双向良性互动。

为推动共同缔造，厦门市组建了市、区、镇（街）、村（居）各级牵头协调机构，建立市筹划、区统筹、镇（街）组织、村（居）为主负责实施的工作体系。通过成立领导小组、下设美丽厦门共同缔造办公室，转变政府传统工作方法，成为服务型政府，并通过权力下放，培训基层干部和社区工作者，强化社区自治的能力。同时，注重建立群众参与机制，搭建公众参与的信息化平台，拓展市民评审团、市民调查和公众论坛等公众参与形式，广泛听取、充分吸纳各方面建议和意见，通过培训、宣传、年度考评、"以奖代补"和分类施策等多种方式调动群众参与的积极性，使居民主动参与到共同缔造行动中来。最后，建立了评比考核机制和动态管理评审机制，通过对各相关部门和各区的考核，激发各级政府对共同缔造工作重视和积极开展，有利地推动了共同缔造的进行。

在《美丽厦门战略规划》提出的规划指导思想和工作路径指导下，厦门市针对新社区、老旧小区、外来人口集中社区、"村改居"社区和农村社区共五种类型的社区开展了"美丽厦门共同缔造"试点（表2-3），推进城市治理现代化的探索实践。第一阶段在城市社区先行先试，总结经验后第二阶段将实践范围扩大到农村社区和"村改居"社区。通过总结不同社区的特点与在地化实践模式，从而有助于进一步推广共同缔造的治理实践。

"美丽厦门共同缔造"试点社区　　　　　　　　　　　　　　　　　　　　　　　表2-3

类型	社区案例	特征	方案策略
新社区	前埔北社区	全开放式新型住宅，社区运转困难	形成社区复合自治模式，成立社区共同缔造委员会和居民议事监督委员会
老旧小区	小学社区	无物业管理，具有地方文化意义	成立居民自治小组及党员小组，并建立社区服务中心完善社区服务体系
外来人口集中社区	兴旺社区	年轻人为主体，外来人口集中，邻里淡漠	以公共空间改造培育参与意识，自发认养、认管推进空间改造，多方共同参与
"村改居"社区	曾厝垵社区	城中村、多元主体间利益关系难以协调	营造有地方感的公共空间，完善市政设施、基础设施的配套和管理，形成政府与社会组织新型的管理方式，以及建立社区规划师培训体系
农村社区	青礁村院前社	产业发展不景气，闽台文化历史受到破坏	开展社区物质空间改造，完善基层自治制度，成立农村合作社，发展观光农业为核心的产业体系，保护闽南文化

2.2.2 共同缔造的实施方法

经过"共同缔造"实践,厦门探索形成了社会治理体系与治理能力现代化的创新模式(图2-2),即以公众为核心主体,以空间环境改造为手段,以机制体制建设为支撑,通过政府、社会组织和公众等多元主体的协商共治,满足公众的广泛需求,助力公众实现发展愿望。通过决策共谋、发展共建、建设共管、效果共评、成果共享的"五共",确保市民的知情权、参与权、选择权和监督权,以推动社区公共环境、公共设施和公共服务的全面提升,力求让居民在日常生活中就能看到美丽、感到幸福。

"五共"的核心是寻求共同的利益。在共同缔造中,公众参与是公众利益的保障,为公众提供了诉求表达的重要渠道。提升公众参与城市社区更新的意愿及能力,最终形成稳定持久的公众力量。同时也能充分发挥社区空间的公共性,使空间真正成为社会关系重构的载体,传递社会文化符号。

共同缔造是对政府、市场、社会和空间发展等多元主体关系的协调。首先,共同缔造通过两方面协调政府和社会及市场的关系:一方面,共同缔造使得社会的意愿能够通过有序、合理的组织途径传递给政府,而政府则能够依据社会的意愿和需求来制定及落实相关规划;另一方面,分散的市场主体可以通过共同缔造有序参与,而政府制定的相应激励政策和机制也可以引导市场有序地发展,提升发展效益。其次,共同缔造对于社会与空间的关系链接和发展也起到重要作用,通过公众参与,空间的发展更新更能展现群众的需求,促使人的生活交往通过社会空间的建设得到回归,构建起以人为本的和谐社会氛围。

图2-2 厦门社会治理体系与治理能力现代化的创新模式

在空间的共同缔造中，多元主体围绕特定的社会事务，相互作用与影响。政府是公共空间的全面掌管者，掌握诸多资源；企业部门包括商业组织、开发商、投资者等，是公共空间的主要开发者，是将公共空间由图纸变为实体的主要行动者；社团作为一种组织居民的角色，其职能是个人、政府、企业间的沟通者；而个人是公共空间的享有者，同时也是建设者，通过广泛参与到对公共空间的建设中，使空间的发展与建设更能满足群众的需求。

2.2.3 "共同缔造"的核心内涵

共同缔造通过创造一个稳定、有序的空间环境，其实质也是治理空间的创造过程。其间，政府、公众和社会组织等多元主体在公共领域互动沟通，协商治理各项事务，也形成了紧密的社会关系。"共同缔造"包括三方面核心内涵。其一，以共同参与为核心，链接政府与社会。共同缔造的核心是"共同参与"。共同参与的主体包括了政府和各类社会力量，包括社区居民、社区组织、社会自治组织和企业团体等。通过共同缔造为各个主体搭建了沟通的桥梁，以培育社会为着力点，解决长期以来政府管理体制下的问题。其二，以社区治理为基础，构建社区自治。共同缔造强调社区为治理的基础，自下而上的基层社区治理是共同缔造的基础单元。以"五共"为自治路径，鼓励业主自治、社区自治和街巷自治等，以制度化和契约化的方式重塑基层治理秩序，将群众联合聚拢起来，为社区发展建言献策，让社区自治成为可能，变为社区的新常态，实现决策共谋、发展共建、建设共管、效果共评和成果共享。其三，以培育精神为根本，重建社区社会关系。共同缔造还需要强调社区精神的培育，将精神培育作为深层的追求目标。以"建设—管理—服务—精神"的工作路径，提出"勤勉自律、互信互助、开放包容、共建共享"的社区精神，通过在社区内开展系列主题活动和文化活动，保障相关利益群体的知情权和参与权，以更好地行使其选择权和监督权，可以加强社区居民间的联系，消除人与人之间的隔离感，破除社区的淡漠氛围，营造一个更加和谐融洽的社区环境。对社区公共环境、公共服务、公共设施的更新是共同缔造工作中的重中之重，三者之间又存在着紧密的联系。提供现代化的公共服务和舒适的公共环境是社区情感基石，有助于提升社区居民的幸福感，增进社区凝聚力；公共环境与公共设施的更新提升则是社区改造的空间基础；而公共服务和公共设施的更新是社区治理的保障，助力社区治理现代化。

共同缔造是一个过程而非单纯的结果，是一个起点和终点并不清晰的过程，是一个交流、倾诉、合作和协调的过程，同时是一个充满一系列社会活动和建设活

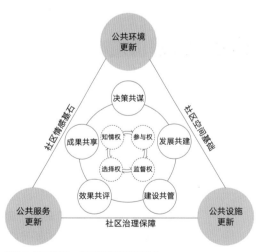

图2-3 社区更新、共同缔造的工作模式

动的过程（图2-3）。这个过程体现出空间中不同主体间相互作用关系的变化，这种变化的实现有赖于政府工作方法的转变、规划师角色的转变，还有赖于公众通过参与对自身定位的转变。而这种转变不能一蹴而就，需要一定时间进行培育，从而形成一种可持续发展的治理过程。当治理过程嵌入特定的社区空间内时，形成独特治理的空间。治理的空间包含社区的社会发展与空间规划建设两方面内容，两者密切相关且相互影响。通过拟定科学合理的社区性制度，引导社区各主体形成和谐的社会关系，以此来促进社会发展，促进社区建设。

2.3 厦门社区共同缔造的工作路径

2.3.1 共同缔造工作坊组织架构

▶ 了解各个参与主体的需求和职责十分重要，共同缔造工作坊即由多方主体构成，以沙坡尾共同缔造工作坊为例，其主要的参与主体包括主办者、各相关利益群体、规划协调团体、支援团体以及专家咨询团体共5类主体（图2-4）。

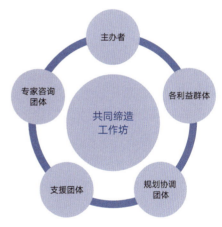

图2-4 沙坡尾共同缔造工作坊组织架构图

2.3.1.1 主办者

由政府机构或专业组织者承担，作为工作坊的主要推动者承担系列事宜的组织和筹办。沙坡尾共同缔造工作坊的主办者为厦门市思明区政府、厦港街道办事处以及四校联合规划团队。其中区政府为工作坊主要组织者；街道作为负责跟踪管理的政府机构，协助工作坊活动的筹办及成果的跟踪落实，支持规划的顺利推进与实施；联合规划团队负责组织工作坊成员、动员群众参与、制定规划成果及开展系列公众咨询会等公共参与活动。

2.3.1.2 各相关利益群体

工作坊需要搭建社区各利益方之间的沟通平台，促使不同利益者能够达成共识，并以此为基础共同参与社区建设。其中，地方利益群体是不可忽视的重要参与者，工作坊的成果能否代表社区共识、是否能够顺利推行均取决于地方利益团体是否在工作坊过程中积极参与。根据沙坡尾的产权情况以及社区情况分析，沙坡尾社区的地方利益团体包括了社区居民、渔民及长短期租赁户等居民团体，社区内的开发商、本地商家及机构等投资群体，以及社区内自发关注社区发展的各社会群体（图2-5）。

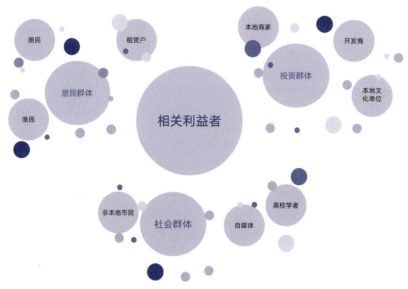

图2-5 相关利益者成员构成图（资料来源：作者根据共同缔造工作坊资料绘制）

2.3.1.3 规划协调团体

在促进相关利益者的沟通过程中，往往需要一个客观视角的规划团队来协调处理。沙坡尾共同缔造工作坊的协调团体为四校联合规划团队，着力于组织开展公众参与的活动，避免各利益群体仅从自身角度考虑而引起冲突或纠纷，凝聚共识，最终整合规划成果。

2.3.1.4 支援团队

协助相关协商工作的顺利推进，确保沟通的顺利进行并保持融洽的氛围。在沙坡尾共同缔造工作坊中，支援团队是由社区"能人"所自发组成的沙坡尾文化生态保护支援队，以及由政府组建的由多方利益群体代表组成的改造提升小组来担任。

2.3.1.5 专家咨询团队

主要由各领域的专家组成，包括造船专家、文史专家、规划和建筑专家等。工作坊讨论的内容往往会随着问题的深入而延伸到不同领域，特别是在考虑到规划的可实施性时，需要不同领域的专家对具体的规划编制和实施提出意见并提供技术支持。

2.3.2 共同缔造工作坊的工作流程

共同缔造工作坊是一个不断持续的动态规划过程,而不是终极式蓝图,由大量的公众咨询讨论与一系列的主题活动组成。重点是规划师、政府、群众等多元化主体的深度参与和互动,在最大限度满足多方利益群体诉求及兼顾社区可持续发展的前提下,达成发展共识,提出新的行动计划和治理制度。

沙坡尾共同缔造工作坊延续了"美好环境共同缔造"行动计划中构建的创新模式(图2-6),工作流程基于沙坡尾社区的特性分为筹建工作坊、开展主题活动及共建、共治、共享美好社区3个阶段工作(图2-7)。

在筹建工作坊阶段,主要进行工作坊活动的发起、活动计划的制定、工作坊团队的组建、群众参与的动员、社区资源的梳理以及工作坊驻点的建立六方面的工作。工作坊的发起一般有两种形式,一是由个人或组织来发起,二是由政府举办。活动发起的同时,发动主体需要提出工作坊需解决的问题或者希望实现的目标。明确工作坊的核心任务。为保障活动有序而有效地开展,避免因无计划的活动开展,不必要地耗费物力与财力,妨碍工作坊工作的推进,需要制定科学合理的活动计划。

在开展主题活动阶段,主要进行社区调研活动、参与式规划活动、方案咨询活动以及成果归纳总结四方面的工作。

在共建、共治、共享美好社区阶段,主要进行实施主体与时序的确定、多部门、多团体支持的动员和跟踪调查与调整补充三方面的工作。

2.3.3 共同缔造前期的工作路径

在规划准备阶段将解决四方面的问题,分别是:选定试点社区、筹建工作坊、明确的社区共同缔造目标和规划方案。

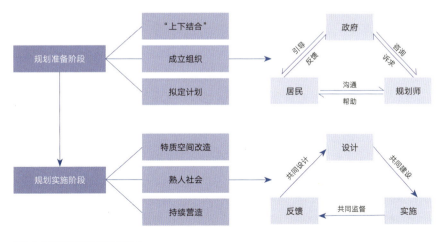

图2-6 厦门共同缔造的工作模式

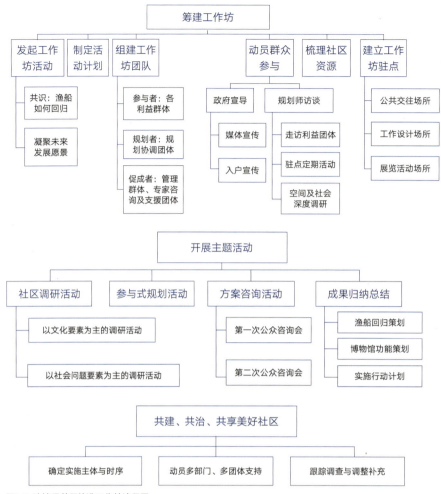

图2-7 沙坡尾共同缔造工作坊流程图

2.3.3.1 选定试点社区

政府根据不同的社区情况，确定相应的试点社区。成为试点的社区政府会给予一定的政策和资金方面的支持，以推动社区共同缔造的开展。为了让社区居民从被动接受到主动申请参与共同缔造，在发起阶段，需要由政府统一宣传到各个社区，利用行政力量，宣传社区共同缔造，让绝大多数居民了解社区共同缔造是什么、为什么、怎么做。然后，举行社区居民大会，让居民对社区发展提出想法和意见，再决定是否要进行社区共同缔造。以改变过去政府主动推动，居民被动接受的模式，让有意愿积极进行社区共同缔造的社区获得政策和资金的支持。

2.3.3.2 筹建工作坊

首先，由基层政府与联合规划团队一起，针对社区发展问题筹组共同缔造工作坊，同时制定科学合理的活动计划及动员群众参与，以保证公众参与的质量。其中，群众参与的范围与程度是决定共同缔造工作坊能否顺利开展、成效好坏的关键。工作坊主要依靠各级政府的官方宣传、媒体发布消息及社区工作人员入户宣传等形式动员群众参与。此外，规划协调团队通过走访社区利益群体以及在社区内发放调查问卷，通过不同形式的宣传途径吸引社区居民参与。此外，在社区设置工作坊驻点并定期举办各种活动也十分重要，驻点不仅是工作坊团队会议、协商推进各项工作的办公地点，也是群众参与交流与设计的场所，更是规划工作过程中各阶段设计成果展览及组织公众咨询的活动场所。

2.3.3.3 成立相关社区组织

在"美丽厦门共同缔造"的指导下，越来越多的社区居民、社会企业、非政府组织等参与到社区治理中来。2014年，厦门市民政局在《关于大力推进"三社互动"工作的指导意见》中提出要着眼于建设服务型现代民政和推动社会治理创新，进一步理顺基层政府与社区、社会组织、专业社工人才关系，建立健全"三社互动"长效机制。立足基层，面向社区，以居民需求为导向，构建政府引导，社区"两委"（党组织、居委会）主导，社区资源统一调配，社会组织不断壮大，社工人才广泛参与的社区工作体系。

社区组织在共同缔造起始阶段就开始逐渐成立，这个组织是对社区开展共同缔造的负责机构，它是居民、政府和规划师的桥梁，必须得到多方的认可，同时也有各方参与其中，在社区共同缔造的过程中，必须向居民明确转达信息，确保绝大多数居民都能参与到社区共同缔造之中。

2.3.3.4 拟定社区发展目标和计划

在共同缔造工作坊的协调下，规划师广泛征询居民意见，由居民、规划师和政府部门共同拟定社区总体规划和社区共同缔造的目标。在社区总体规划的指导下，在社区共同缔造的框架下，再制定具体的规划策略和实施步骤。

2.3.4 共同缔造推进的工作路径

2.3.4.1 开展调研研讨及设计活动

工作坊组织的主题活动包括社区调研、参与式规划、方案咨询及成果归纳总结4个部分。

其中，沙坡尾工作坊调研主要针对文化要素和社会问题两部分进行，具体采取的方法包括实地考察、访谈、座谈、问卷调查等。在实地调研中，着重关注社区文化要素、空间要素、社区人群活动情况等的记录和收集；在访谈调研中，首先，选择社区内的文史专家、基层工作人员以及长住社区的热心居民初步了解社区的基本情况，其次，进行更大范围的问卷调查与访谈，充分了解与把握社区发展概况，最后，组织各主要利益群体进行采访，深入了解公众诉求，从而梳理各利益群体间的矛盾与问题，寻找工作的突破点。社区是认同感形成的空间载体，开展参与式规划活动，应以工作坊为驻点或者社区活动空间为主要场所，通过观察发现社区内生问题，再去挖掘多样而具有差异性的社区资源，并加以整合最终达成共识。此后，联合规划团队依社区共识制定出具体方案后，通过组织多次公众咨询会，并对上一阶段的方案成果进行协商修订和补充，形成最终具体可行的工作坊规划成果，包含社区历史脉络梳理、资源整合、问题梳理、发展愿景、规划设计、制度设计以及行动计划等，需要清楚地表达规划内容，同时说明规划设计的背后思路。并在管理机制和组织架构方面给予配套，将行动计划与规划方案相结合，按部就班安排实施事项，结合空间的远近期安排与活动计划的时序性推进实施。

2.3.4.2 构建共建、共治、共享的物质与制度环境

在最终的规划方案确定之后，联合规划团队协助基层政府明确各项计划的实施主体、实施顺序以及各阶段的具体工作内容。动员各级政府多部门、社区多群体的参与和支持，由联合规划团队进行跟踪调查，并根据各阶段的群众反馈意见对方案进行及时的调整与补充，逐步推动实现共建、共治、共享的美好社区。通过对厦门社区共同缔造实际案例的调研与分析，和厦门社区共同缔造过程的研究总结，建构厦门社区共同缔造一般模式。

社区共同缔造的过程是对社区物质空间改造的过程，也是对社区居民"共同意识"的营造过程。物质空间的改造是必须的，厦门共同缔造试点社区的实施开展都是先从社区物质空间入手。根据社区现存的物质环境问题，以及居民对社区物质空间提出的建议，着手进行物质空间的改造。物质空间的改造是社区共同营造开展的基础。与此同时，非物质环境营造也很重要。所以社区共同缔造的过程，也是从对社区物质空间的改造逐渐转变到对社区非物质空间的营造。包括居民的参与度，和社区自治组织的建立。

一方面在物质空间改造的过程中，发动居民深入社区共同缔造的每个环节，参与到设计、建设、管理各个方面，让居民在社区物质空间改造的过程中形成共同意识，把社区当成自己的家。所以社区共同缔造的目的不在于改造社区物质空间本身，而是培养居民参与社区规划、参与社区建设、参与社区管理的主人翁意识，这应才是从根本上构建社区共治的基础。

另一方面，每个社区会根据自身社区特点，组建居民自治组织。例如曾厝垵组建了"公共议事理事会"代表居民团体进行自治，振兴社区则采用的是居民自治小组的自治形式。自治组织的建立，保障居民更好地主张自己的意愿，参与社区的共同缔造，形成了社区居民与政府共管共治的模式，促进社区的持续健康发展。

第 3 章 沙坡尾片区更新实践

3.1 沙坡尾片区概况
3.2 社区历史变迁与空间演进
3.3 社区更新规划历程
3.4 社区共同缔造工作坊实践
3.5 基于设计介入的参与式社区服务
3.6 沙坡尾片区更新的思考

本章聚焦厦门旧城的典型海洋性聚落社区——沙坡尾社区，集中反映了从古至今沿海居民的渔业生活特征、社会结构、独特文化及聚落空间。随着社会、经济的快速发展，沙坡尾社区这种围绕渔业而生的传统聚落在现代城市中显得格格不入，产业滞后、空间破败、人群老化等社区问题逐渐凸显，面临着传统渔业消亡、物质空间更新及社会关系再造的变革与挑战。

3.1
沙坡尾片区概况

▶　　沙坡尾位于厦门岛西南滨海沿岸（图3-1），与鼓浪屿跨海相对，地处厦门旧城的核心地带，是厦门港的发源地。沙坡尾近现代形成的海洋性聚落边界，包括思明区厦港街道辖区中的沙坡尾社区、蜂巢山社区等，在文中均简称为"沙坡尾社区"，总范围约44.7公顷，核心地区约6.9公顷。渔业资源的衰退使片区渔民生计受到冲击，部分就地从事低端服务业态，例如维修、废品回收等，导致片区内产业类型低端混杂，且社区居民收入水平偏低，老龄化严重。与此同时，物质环境衰败、配套设施不足、避风坞港池积淤严重，种种原因造成了沙坡尾原住民外迁，活力逐渐丧失。

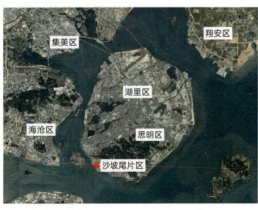 

图3-1 沙坡尾区位示意图

3.2
社区历史变迁与空间演进

▶ 在600年的历史积淀中，沙坡尾社区打上了深深的海洋文化烙印，见证了渔业发展的萌芽、鼎盛至没落、转型的各个阶段。结合社会与物质空间的变迁，沙坡尾社区的发展历程可分为4个阶段。

3.2.1 渔民迁入，开埠通商（明末清初～清末民初）

自唐宋时期，丰富的海洋资源在闽南地区酝酿形成一个初具规模的渔港，即厦门港的雏形。沙坡尾原为有着天然沉积沙层的海边沙滩，蔓延百米被称为"玉沙坡"避风良港。明末清初时期，郑成功曾以厦门岛为据点，在此地屯兵操练，期间还大力发展对外贸易，带动了厦门港海上航运、商贸的发展，因此九龙江流域地区的渔民及以造船为生的渔工逐渐向此地迁移聚集，玉沙坡沿岸港口开始形成，并成为对台贸易往来的重要渡口。人群的迁入与对外贸易的兴盛使这一带沿海区域兼具渔港、商港、军港的属性，并盛极一时。

1843年厦门开埠通商后，原渔商混用的港口开始功能分化，玉沙坡一带成为大小渔船的集中停泊地，进入围绕渔业集捕捞生产、鱼行商贸、生活服务为一体的街市港区近百年的鼎盛时代。此时"渔行"成为沙坡尾的重要业态，其通常由富商独资或合资经营，并与地方势力结合，通过同时垄断渔业的生产及销售权，达到控制渔民的目的，既使渔民收入被剥削，也使渔业产生依附性，从而控制渔区经济的命脉。

3.2.2 渔区发展，港池建设（民国初期～中华人民共和国成立前）

1930年初，厦门设市，码头、港口的改造成为市政建设的重要内容，渔港因沙坡头堤岸修筑，外移至沙坡尾新建避风坞，同时为扩大城市用地面积开山填海，奠定了沙坡尾避风坞的近现代雏形：以大学路、民族路为界，临水一侧主要为生产区，分布有船坞、船厂、商店和打铁铺等场所，当时的沙坡尾沙滩上（今避风坞南侧）分布大量的造船工场、修船厂和一些渔民栖身的船厝。靠山一侧则主要是鱼市场、商业街市和居民区（图3-2）。据记载，1937年沙坡尾渔港登记有大小渔船597艘，渔业人口总计5189人，其中下海渔民2490人。当时该地区手工业包括造船、打绳、制钓、打铁、桨橹、船帆、染汁等30多个行业，形成一个为渔业生产服务的供应网，一度成为整个厦门地区最繁盛之处。然而自1938年起，在日军占领厦门的长达7年间，渔业生产受到重创，至中华人民共和国成立前夕，从业者仅为战争前的一半。

3.2.3 体制变革，渔港发展（1949年～1990年代）

中华人民共和国成立后，多阶段的体制及技术改革，促进了国有渔业机构的迅速扩展。这一时期，沙坡尾地区渔业年产量大幅攀升，也带动了以渔业为核心的制造、加工等工业化产业集群的发展，该片区也由传统渔村发展成为厦门市三大工业区之一，设有大量的机电造船厂、水产品加工厂、发电厂等。发展至20世纪七八十年代，冷冻厂、渔具厂、造船厂、造帆厂等渔业相关产业在沙坡尾地区随处可见。最辉煌时，沙坡尾渔港年产量达到3.5万吨，一个完整的产业链在避风坞周边展开。以沙坡尾为代表的厦港地区渔业人口一度占据80%，下海渔民达到5000人，形成海洋渔业的黄金年代。在此期间，政府先后通过清淤修缮、砌堤竖界、修建道路与灯塔等措施，改善避风坞的物质条件，沙坡尾的物质空间基本发展成型（图3-3）。

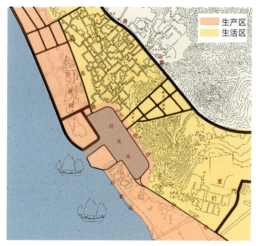

图3-2 1930年代厦门市沙坡尾片区功能分区示意图
（图片来源：作者根据1938年厦门全市图绘制）

图3-3 1967年厦门沙坡尾片区示意图
（图片来源：《沙坡尾——一个厦门渔村的社会与文化》）

3.2.4 渔港没落，更新萌芽（1990年代～2011年）

1990年代之后，厦门旧城改造资金相对短缺，物质结构呈现老化趋势。随着近海渔业资源的逐年枯竭，以及在厦门岛快速建设发展下，这种围绕传统产业而生的聚落与城市的现代经济发展之间的矛盾愈加凸显。厦门中心城区周边的渔港逐步走向没落，渔民陆续上岸转岗，沙坡尾避风坞一时间成为厦门岛中心城区仅存的最后一个避风渔港，成为老厦门心中海洋文化的载体。

图3-4 沙坡尾避风坞老化的物质空间
（图片来源：http://travel.sina.com.cn/china/2015-03-12/0911301010_3.shtml）

然而，沙坡尾虽历经清淤整修，但渔业生产环境仍不佳，渔业衰败使得相关渔业工业开始出现外迁现象，渔港不复昔日繁盛。2003年厦门市海湾型城市建设规划及环岛路的建设，围绕西南滨海岸线建设了海面高架桥，遮挡了沙坡尾避风坞的港口，导致大型渔船无法进入以及渔港功能转移，相关的渔业工业也相继搬迁，直接推动了沙坡尾社区面临产业转型及更新改造的处境。面对物质空间环境品质日益下降的现状（图3-4），局部的空间更新改造逐渐发生。

3.2.5 文化驱动，更新加速（2012年至今）

2012年9月厦门市规划局正式审批通过《沙坡尾海洋文化创意港行动规划》，开启了沙坡尾社区具有实质意义的更新改造历程。2015年，思明区政府、厦门市海洋与渔业局发布了《关于厦港沙坡尾避风坞封闭管理》的公告，宣布沙坡尾片区将进行整体改造更新，通过给予本地渔船渔民适当补贴，引导渔民退渔上岸转产。沙坡尾传统生产性渔港功能彻底消逝（图3-5），其物质空间与生产关系发生重大转变，建立在业缘基础上的社会关系发生改变，新社会空间逐渐形成。

图3-5 沙坡尾改造前避风坞的渔船及渔获买卖场景

3.3
社区更新规划历程

3.3.1 更新规划 1.0：政府引导的经济开发导向

3.3.1.1 更新规划内容

▶ 2003年，沙坡尾社区内的渔业相关工业逐渐外迁，空置的厂房空间被租用作为低端化的商业用途，包括大排档、停车场及废品收购等，沙坡尾的土地使用功能逐渐多元化，人口组成也趋于复杂化，沙坡尾不再仅仅是围绕海洋经济而生、以渔业人口为主的居住社区。随着厦门旅游业的迅速发展，由于避风坞内仍有着由渔船和渔民共同构成的独特的渔业生活景象，成为人们在厦门中心城区能体验海洋文化的仅存渔港而成为旅游目的地，受到越来越多的关注。

2004年，沙坡尾所在的厦港片区首次制定了整体性的更新规划，沙坡尾被定位为艺术休闲港。规划中明确，避风坞及临港工业历史遗迹由于具有特色风貌被列为重点保护区域，实行低强度开发，其他区域由于空间品质较低，且分散在片区内的民居和街巷保护价值难以判断，被列为拆迁及高强度开发用地。规划运用容积率转移等方式进行组合开发，建设重点服务于避风坞文化休闲区（表3-1、图3-6）。除了公共服务以及教育服务设施之外，主要围绕酒店、大型商业及游船码头等旅游配套设施而建设。为了实现就地经济平衡，部分规划地块进行了超高层的高强度开发，容积率超过10，某酒店规划地块的建设容积率上限甚至高达13，这不仅在城市风貌上与旧城肌理产生极大的冲突，对原本压力不小的旧城交通来说亦是雪上加霜。

沙坡尾更新规划 1.0 分析表　　　　　　　　　　　　　　　　　　　　　　　　　　　　　　　　表 3-1

发展阶段	代表性规划	发展背景	发展定位
经济开发主导	《厦港一期修建性详细规划》	1. 就地综合平衡； 2. 市场经济	沙坡尾艺术休闲港
更新机制	主要策略倾向	经济焦点	更新特征
政府主导	1. 保护避风坞及旧厂区域； 2. 对周边民居进行拆迁重建，高强度开发	1. 公服、教育项目政府投资； 2. 商品房建设由市场投资	1. 空间设计； 2. 最大程度平衡资金投入

3.3.1.2 更新实施评价

在这个时期，国内大多数的大中型城市均处于快速发展阶段，经济的推动需要新的城市空间载体的支撑，城市用地的经济价值一定程度上成为促进片区发展的重要推力。产业消退、空间破败的旧城在极高的土地经济价值和与之不匹配的经济产出的夹击下，成为各个城市的发展风口。虽然对城市历史风貌片区进行保护的理念已在业界专家的推动下逐步被接受，但对于尚未进行风貌保护认定的区域，以及风貌建筑所在的、风貌及环境品质不高的旧城片区仍没有较好的法律保护措施，这也造成了对旧城整体保护的难度。在就地经济平衡的开发导向下，难以避免的部分旧城区域结合危房拆除及环境整治，被夷为平地而释放其土地经济价值，成为承担高强度开发的那一部分。如果拆迁面积越大则对旧城整体风貌破坏越严重，但如果拆迁面积越小，则开发强度需要越大，建成后所带来的风貌和交通等"后遗症"也就越大，可见，旧城更新要实现就地资金平衡，虽然对城市的经济发展而言最为有利，但操作难度巨大。

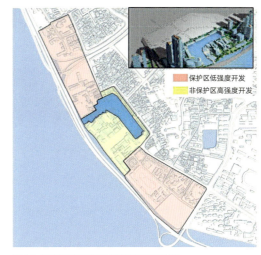

图3-6 沙坡尾更新规划1.0开发强度示意图

在此背景下，沙坡尾这轮以经济开发为导向的更新规划并未落地，除了片区内交通配套的难于实施、个别开发强度过大的方案难以通过论证之外，近年来拆迁成本的爆发式增长，部分地块开发权属的协调时间过长以及受到当地居民的反对等，都导致了更新改造陷入困境、难以进行。

沙坡尾社区更新1.0阶段（图3-7），厦门市政府组建了由市规划局、市纪委、思明区政府、土总组成的编制参与团队，市规划局负责招标，厦门市城市规划设计研究院中标后对片区进行规划设计，市纪委、思明区政府和土总联合对规划方案的经济平衡提出要求。规划编制内容包括四大板块，分别是保留沙坡尾避风坞及工业历史遗迹，沿岸土地开发、拆迁安置和公共设施。思明区政府分别于2004年更新了思明小学的校舍和2016年建设了演武大桥滨海观景平台。而沙坡尾沿岸的土地开发由国企对其进行招拍挂，在此期间沙坡尾附近也建成了世贸双子塔等地标性建筑。但在此期间，由于2006年版《厦门市紫线控制专项规划》的规定，禁止大面积拆除、开发活动，且伴随着厦门市土地金融市场的水涨船高，拆迁成本过高也使部分周边商业及住宅开发项目最终未能落地实施。

3.3.2 更新规划 2.0：企业引导的产业转型导向

3.3.2.1 更新规划内容

2006年《厦门市紫线控制专项规划》出台后，沙坡尾避风坞被列入历史风貌街区的保

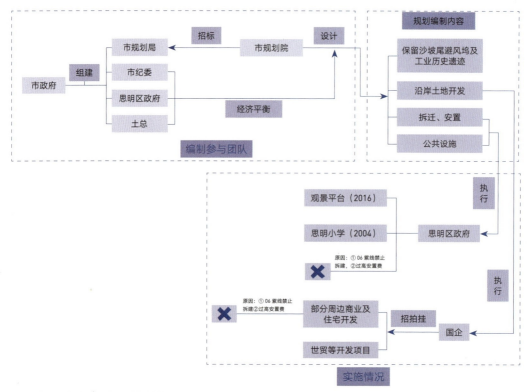

图3-7 沙坡尾社区更新规划1.0实施过程示意

护范围，以经济开发为主导的旧城更新模式受到了全面约束。2008年，厦门政府提出"建成以创作、生产、设计为主的沙坡尾创意艺术港区"，沙坡尾更新转型向内生性的产业更新推动，带动了社区新的更新方向。

然而，沙坡尾社区实质意义上的更新，是以文化驱动下的市场介入为开端。2011年，国源地产公司投资1亿资金，注册成立沙坡尾文化创意投资有限公司（以下简称投资公司），专门负责沙坡尾投资更新项目。2012年，由该投资公司主导推动《沙坡尾海洋文化创意港行动规划》规划设计，以对渔港文化的保护、废弃工业厂区的再利用以及片区业态更新的目的作为规划核心，以期促进沙坡尾社区的有机更新。这是厦门市从以"拆除重建"为主的旧城改造向为以自主更新为主的旧城更新转变的一次积极探索。该方案获得住房和城乡建设部金奖，沙坡尾片区更新开始受到业界关注。

2012年9月，厦门市规划委员会审批通过了《沙坡尾海洋文化创意港行动规划》，规划明确了以自主更新作为沙坡尾旧城片区更新的主要方式，规划提出"土地产权基本不动，空间肌理基本不改，本地居民基本不迁，人文生态基本不变"的更新原则，通过制度建设引导居民自主更新，为居民自主更新提供充分的政策支持是保障沙坡尾旧城片区更新的重要条件。同时，将空间更新与业态结合，避风坞沿线以宅基地为基本单元进行小尺度更新及产业更替培育，以"上住下店"的功能设计避开复杂的产权问题，同时推动工业遗产厂区的有机更新，形成"海洋文化主题创意休闲街区"（图3-8）。

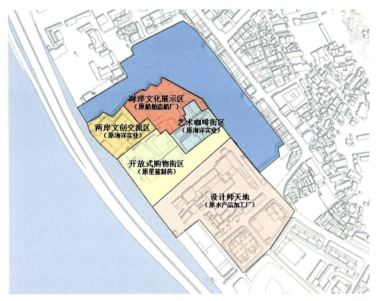

图3-8 海洋文化主题创意休闲街区示意图

方案跳出了经济平衡、拆迁开发的框架，借鉴台湾地区当时已较成熟的社区营造理念，在沙坡尾更新的规划模式和管理模式上实现了如下突破：

（1）更新规划及制度机制由多方利益主体共同编制设计，激发居民参与的积极性，反映更多利益群体的诉求。

（2）提出构建由社区居民（40%）、政府（25%）、社会代表（35%）三方组成的"沙坡尾社区营造中心"作为社区运营主体。

（3）更新内容由物质空间设计扩大至业态控制、地租控制、制度设计等领域，提出"4—3—3"产业培育机制，将40%老旧业态转型为文创产业、升级30%包括渔业在内的传统产业、保留30%传统生活服务产业。

（4）严格控制空间更新模式，引导小尺度渐进式更新方法，提出空间改造上施行数字管理系统。该规划在更新模式上的创新引起了学界的关注，也让政府看到了除了拆迁重建以外，新的旧城更新思路与路径。

2012年底，投资公司正式进驻沙坡尾，对大学路和民族路的沿街业态进行更新。在此之前，大学路和民族路的沿街业态相对偏向陈旧化和边缘化，其中大部分业态是以废品回收站、垃圾处理点、五金杂货铺等内容为主。

2013年，由政府主导、推动沙坡尾海洋文化创意港的四大工程建设，即"提升避风坞景观、传统海洋文化、创意活动提升文化品位以及引进个性商铺"。其中，工业遗产厂区中闲置的水产品加工厂车间作为"沙坡尾海洋文化创意港"项目的第一个改造示范单元，改造为艺术西区，定位为年轻文化艺术区，其中的设计店铺及艺术活动吸引了许多年轻群体，为沙坡尾注入了新鲜活力，成为沙坡尾一个重要的旅游热点。

表3-2为沙坡尾更新规划2.0分析表。

沙坡尾更新规划 2.0 分析表　　　　　　　　　　　　　　　　　　　　　　　　　　　　　　　　表 3-2

发展阶段	代表性规划	发展背景	发展定位
产业转型导向	《沙坡尾海洋文化创意港行动规划》	1. 禁止拆建； 2. 社区营造	沙坡尾海洋文化创意港
更新机制	主要策略倾向	经济焦点	更新特征
民间自发组织主导	1. 构建沙坡尾社区营造中心； 2. 确立4-3-3产业培育机制； 3. 建立空间管理系统	1. 政府与市场共同出资； 2. "税费反哺"形成"社区更新维护基金"	1. 制度设计； 2. 小规模渐进式营造

3.3.2.2 更新实施评价

相比前一个阶段的更新规划而言，从拆到不拆的空间更新理念转变，从大商业体植入转变为小店铺更替的业态更新模式，该版规划所做出的调整既是对当下社会环境的适应，也是源于规划编制主体的不同所产生的视角差异。由投资公司、规划设计团队、台湾社区营造学者及本地文化组织所组成的编制主体，更贴近于沙坡尾的本地生活，更多从本土街坊式的生活空间保护、渔民与渔业活动、渔船与渔业技艺传承及民俗活动保护等方面切入，以社区居民调研及文化梳理为基础，这与台湾在旧城更新中实行社区营造的关注点和执行模式较为类似，即挖掘地方作用，发挥地方居民和企业的积极性，进而吸引民间投资。然而照搬台湾的社区营造模式在规划的实施中也具有较大的局限性，例如编制过程中政府角色的缺位，造成在公共环境整治及公共设施建设上的难以落地，再如工业遗产厂区的产权分属于多个国有企业，甚至有些内部宿舍楼为职工集体所有制，要由开发商及社区来推动片区的整体更新更是困难重重。

虽然最终该版方案没有完全实施，但不可否认，该规划对沙坡尾的更新转型起到了决定性作用，所提出的"不动、不改、不迁、不变"原则一定程度上影响了政府的传统更新思维，其中对海洋文化创意港的定位也受到了广泛认可。与此同时，提倡公众参与的社区营造模式及"以奖代补"的空间更新机制，为后续的更新规打下了良好的制度探索基础，也为培育民众的参与意识起到了重要作用，是厦门旧城社区更新历程中的一次有益探索。

除了艺术西区以外，投资公司延续了上一版规划的产业更新方案，承租避风坞沿岸的民宅并引入年轻人喜爱的新型业态，包括咖啡甜点、料理餐饮等，进一步增加了沙坡尾的热度。投资公司通过从私有产权者手上购买或租赁商铺，获得项目孵化点，再按前期规划打造时尚文艺的商铺，引入手工精酿啤酒、原创设计朝服等个性文艺小店，激活沙坡尾原有的活力生机。投资公司首先向厂区的产权方水产公司（国企）长期租下原水产冷冻厂的厂房，借鉴北京798的模式改造成艺术西区、life-house音乐酒吧、SPW海景健身房等一系列受年轻人喜爱的示范性业态，定期举办创意市集，整合有创意的店主或手工艺人，定期进行文化的汇聚，吸引更多商业资本的目光，进一步推动片区的更新。目前大学路街区内已有1/3的商铺产权或经营权归投资公司主持。

然而也看到，虽然规划秉持小规模渐进式社区更新，希望将艺术引入居民区，慢慢影响居民和导入社区思想理念，但事实上，构建起的文创市场并没有太多原住民参与，主要靠引入外部力量，一定程度上占用了原住民的社区资源，仅是借助沙坡尾的文脉基础进行文创产业的移植。与此同时，因为艺术西区的兴起，沙坡尾的商铺租金已经开始成倍上涨，若要将租金控制在合理范围内，就需要有绝对权威的运营管理机制进行控制。而追求商业利益最大化的市场，并不能成为合适的管理者，这就需要政府及时地进行公共干预，以防止市场"自控失效"进而出现混乱局面。

在沙坡尾社区更新的2.0阶段（图3-9），由厦门本土NGO团队、台湾社区营造机构A等民间自发组织在私人开发商G的资金支持下聘用规划院并与其共同合作参与规划设计。规划编制内容包括社区营造中心、空间管理、产业培育机制及工业遗产区五大板块。私人开发商旗下的运营公司于2013年对分散的购物中心集约化，推动店铺的商业化转型；于2014年将废弃冷冻厂定位为设计师天地，创建为厦门首个年轻文化艺术区"艺术西区"，而原本创想中的两岸文化交流区、海洋文化展示区、艺术咖啡区和开放购物街区因未获得产权或使用权等原因未能实施。2015年，由海洋渔业局通知渔民，沙坡尾正式开始了退渔清淤的进程，与此同时，思明区政府通过以奖代补等方式吸引公众进行立面改造，并与台湾社区营造机构B进行合作，对片区进行景观改造提升。而社区营造中心因部分职能与政府相重叠而中途搁浅。

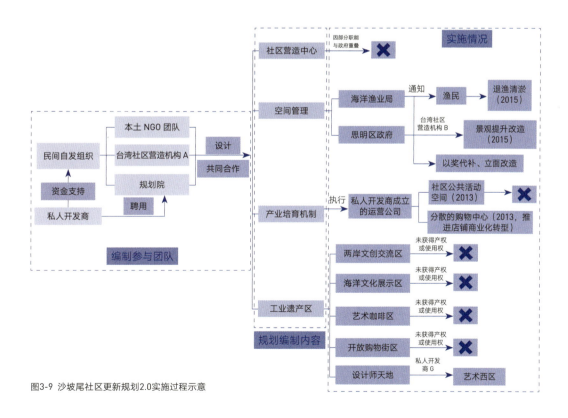

图3-9 沙坡尾社区更新规划2.0实施过程示意

3.3.3 更新规划 3.0：政府引导的空间品质提升

3.3.3.1 更新规划内容

随着越来越多的新型店铺入驻，旅游经济快速蔓延整个社区，不可避免地成为沙坡尾又一重要的经济增长极。随之而来的是对空间的自发改造，避风坞沿岸的建筑居住功能逐渐被商业侵蚀，违章搭建愈发严重。在街道工作开展和居民反馈的情况下，2013年初，厦港街道联合厦门市水务集团针对避风坞的积淤问题开始了节污工作，建设污水处理站将片区生活污水和工业废水集中处理。然而，避风坞内淤泥堆积的问题进一步恶化，坞堤年久失修甚至部分坍塌，这些物质空间及基础设施的老旧成为沙坡尾未来发展的阻碍。

在此背景下，2015年政府推动编制了《厦门沙坡尾有机更新计划》及《沙坡尾景观提升改造方案》。该规划提出，以物质空间的微改造为导向开展社区营造，通过渐进式的有机更新实现景观风貌的提升，以"以奖代补"模式鼓励居民和商户参与到社区建筑的立面设计与修缮中。由政府推动复建避风坞畔妈祖庙的戏台和牌坊，保护修缮避风坞坞界的界碑等历史遗迹。除此以外，为了增加沙坡尾的旅游服务水平，规划也提出避风坞退渔进行清淤环境整治，并建设游客服务中心、渔民博物馆、避风坞休闲木栈道及观景平台（表3-3）。

沙坡尾更新规划 3.0 分析表　　　　　　　　　　　　　　　　　　　　　　表3-3

发展阶段	代表性规划	发展背景	发展定位
空间品质提升	《厦门沙坡尾有机更新计划》、《沙坡尾景观改造提升方案》	1. 存量规划； 2. 美丽厦门共同缔造	沙坡尾海洋文化创意港
更新机制	主要策略倾向	经济焦点	更新特征
政府主导	1. 物质空间更新； 2. 组织社区活动； 3. 人文创意社区营造	政府投资	1. 环境整治； 2. 空间品质提升

3.3.3.2 更新实施评价

随着城乡规划的转型，沙坡尾的更新发展备受社会和学术界的关注。在历经了上述多轮规划之后，沙坡尾社区仍然未有改善，与此同时还面临着社区文化消失，旅游商业同质化，以及发展矛盾不断加剧的局面。在2015年5月公布、6月执行的避风坞封闭管理公告中，政府宣布避风坞进行封闭整治，不再停泊渔船，本地渔民退渔转业。可惜的是，避风坞环境整治及景观提升方案在编制过程和实施前的公众调查不足，规划公布时留给民众发表建议和意见的时间有限，再加上退渔政策加速了传统渔业产业的消亡，造成公众对沙坡尾文化缺失及过度商业化的担忧。公告一经发布，引发了市民及公共媒体的强烈关注，激起社会各界围绕沙坡尾社区未来发展方向、渔民退渔后的生计去向、渔船能否回归等方面的广泛讨论。

不过，在快速推进的避风坞清淤整治、木栈道建设和立面改造中，沙坡尾的空间品质得到了显著的提升，体现出政府在公共空间改造上发挥出的主导作用（图3-10、图3-11）。

图3-10 沙坡尾避风坞环境改造前景象（摄于2014年）　　图3-11 沙坡尾避风坞环境改造后景象（摄于2017年）

在这次"退渔事件"中，出现了沙坡尾社区的利益群体诉求众多却无法有效沟通，公众参与意识高涨却无从入手的现象。该规划是沙坡尾首次由政府主导发起的社区营造尝试，是一个具有更新转型过渡性质的社区规划。该规划也是公众争取规划参与权的一次突破性尝试，让政府认识到，依靠自上而下行政管理的方式在面对旧城社区更新议题中的局限性，为后续在社区更新规划中全面推进公众参与打下了重要的基础。

此3.0更新规划阶段（图3-12）共有两个团队同时参与改造，一是由厦港街道主导委托台湾社区营造机构组成改造提升小组，负责推动社区营造的进行，以整体环境提升为基础，通过建立一系列文化中心来集合职能部门、本地居民、外来人群、民间团体和利益团体一起，建立多方制衡与合作的稳定关系。其次，通过建设沙坡尾社会共享空间等多元化场所，实现不同时段不同人群的共生。此外，采取环境更新的手法对街道立面、加建等进行改造，同时设立社区居民学习活动的空间。通过以上方式来实现社区的自我更新；二是由本地设计公司负责进行沙坡尾景观提升改造设计，提出木栈道改造设计、景观节点改造

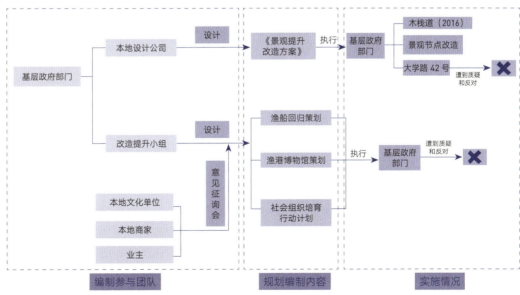

图3-12 沙坡尾社区更新规划3.0实施过程示意

等方案，力求从物质空间的改造入手推动规划设计的实施。两种方案同时进行，在实施过程中虽有组织本地商家、业主及本地文化机构参与，但参与成员依然有限，参与度也不是非常高，主要还是以政府意志为主，仍属于"自上而下"的更新机制。

3.4 社区共同缔造工作坊实践

3.4.1 前期更新规划反思

在历经了多轮规划之后，沙坡尾社区仍未能凝聚发展共识，且面临着社区文化逐渐消失、商业迅速发展以及公众诉求无处反映、社区矛盾不断积累的困境。从2003年至2015年，沙坡尾更新规划1.0为政府主导的经济开发，大拆大建的方式虽解决了经济平衡问题，却因对城市肌理破坏严重而未能实施；更新规划2.0为民间推动的社区更新，基于存量开发提出了产业更替模式，最终虽然因为政府的原因没能实现，但推动了社区的旅游商业化迅速发展，并激发了部分群体的公众参与意识；更新规划3.0为社区营造理念下的微更新，试图从景观提升角度推动旅游发展，但由于过度倾向旅游开发以及缺乏公众参与，迫于舆论压力而未能全部实施。2015年退渔公告一发布，即引起了市民及公共媒体的强烈关注。这些问题反映出了沙坡尾社区利益群体众多，公众参与的缺失将极大地影响更新规划的实施，甚至造成社区发展共识不凝聚、社区治理成效差的困境。

在沙坡尾的空间再生产过程中，包括当地原住民诉求与泛化的城市精神及人文情怀发挥了重要作用，除了原住民表达"自下而上"建构社会空间要求之外，厦门市民的文化认同也逐渐觉醒，促进了公众、政府等各界对沙坡尾改造的重新思索与讨论。在矛盾不断出现，社区发展问题不断加剧，各利益群体无法有效沟通的情况下，沙坡尾当前最首要的任务就是打破僵局，搭建各方利益之间沟通的桥梁，共同探索社区可持续发展的新道路。

3.4.2 社区多元群体及需求分析

根据社区产权资料及在社区更新中的参与情况分析，对沙坡尾社区更新中涉及的群体进行划分，主要有五大类，即管理群体、投资群体、居民群体、社会群体和专家群体（表3-4）。

社区利益相关者对位分析　　　　　　　　　　　　　　　　　　　　　　　　　　　　表3-4

群体类型	人群	关心焦点	实际影响力	局限性
管理群体	政府	关注社区环境提升，提高居民生活质量，改善城市面貌和促进地方经济发展	过去家长式的规划手段不再适用，逐渐将权力下放	无法把控过度商业化的问题，只能通过社会宣导
投资群体	开发商、商家	首先是追求高额经济效益，从依赖土地开发、依赖政府转变为依靠旅游经济地区文化环境要素发展商业	拥有资金技术，但在具体操作中受到产权问题和改造难度的阻碍	在具体操作中受到产权归属问题的阻碍
居民群体	本地居民	提高生活质量，改善生活环境；通过产权获得经济效益	掌握着产权，是街区利益的核心以及直接参与者	在寻求街区发展的同时又想保护街区的原有风貌
居民群体	本地渔民	渔业的发展与传承，以及自身的经济效益	渔民文化的活载体，渔业的传承者	被动退渔，转岗有困难，对于未来发展无力改变
社会群体	自媒体、非本地市民	传统社区的绅士化对城市整体的影响，对传统业态的打击；传统文化的传承与保护	舆论力量与消费带动力，厦门传统文化保护意识	对街区经济收益与发展关注不多
专家群体	规划师、文史专家、设计机构	维护旧城居民合法权益，保护城市文化遗产，探究城市传统社区发展途径，获取设计费用	从上位规划的角度，对片区进行功能、开发强度的控制。通过城市整治修复建筑，引导更新保护	没有实质权力，是多方沟通的桥梁，且规划很多时候是顺应了市场需求，无法把控过度商业化的市场行为

资料来源：作者根据访谈资料绘制。

3.4.2.1 管理群体

管理群体主要是指基层政府。在沙坡尾社区更新中，基层政府主导更新，是最具话语权和影响力的群体。在城市更新中，政府一方面考虑公众利益，力求改善社区环境，给社区居民一个更好的生活环境。另一方面，政府也要考虑地方经济发展和财政收入，因此与投资群体合作，力求能够尽快修整利用社区内空置厂房，发展旅游业，带动社区的经济发展活力。

3.4.2.2 投资群体

投资群体主要是开发商，包括社区内的国企和拥有较多产权的私企，以及本地商家。中华人民共和国成立之初，沙坡尾社区的国有渔业机构迅速发展，拥有产权与话语权，大部分开发商在大学路两侧共拥有大概40%的产权房，私企收购和租赁了许多私房和部分公房。一定程度上，开发商决定社区发展方向。另外还有社区内的商家，他们主要拥有的是经营权，决定了社区的经济发展情况，社区的发展也同时影响着他们的生活。

3.4.2.3 居民群体

由于沙坡尾社区的特殊地域文化，居民群体分为本地居民和本地渔民。

（1）本地居民

不以捕鱼为生，大部分是拥有产权的业主，也包括非本地户籍但居住在沙坡尾的长短期租赁户。本地居民希望政府能够进行环境整治，改善居住环境，吸引更多的游客，通过提升租金来获取更高的经济利益，逐渐形成新型业态同质化的现象，加剧了商业化氛围。然而这又不是本地居民想要看到的，因此他们在社区更新中有着矛盾的心理状态。

（2）本地渔民

主要是已经退休的渔民或者在退渔时被迫退休的渔民。渔业兴盛时期，渔民为社区中的主要群体，渔业是社区的第一生产力。但随着渔业消退以及渔业空间逐步被侵占，这个群体的生存空间和权力慢慢被挤压，渔民已经处于社区决策权力的边缘，对渔业没落这一历史发展的趋势只能被动接受。但也因退渔政策引发了社会各界人士的关注，同时唤醒了渔民的社区参与意识和传承渔业技艺的使命感，从边缘群体又重新变成社区发展不可忽视的一部分。

3.4.2.4 社会群体

社会群体主要是指关心沙坡尾发展的非沙坡尾居民，甚至包括自媒体等。因"退渔事件"在网上引发的热议而关注沙坡尾社区，认为渔船的离开代表着避风坞场所记忆和沙坡尾传统文化的丧失。自媒体更是发动社会力量，反思政府发布的以建成旅游休闲区为目标的更新方案，认为其为了增加收益而实施的改造将造成传统业态的消失，影响城市整体形象。他们的主要目的是希望能够留住传统文化，留住厦门旧城的根，期望渔民回归，但对于社区环境和社区发展关注较少。

3.4.2.5 专家群体

专家群体主要是指对沙坡尾历史街区保护有强烈社会责任感和丰富历史保护知识的群体。其中有受政府委托而来的规划师，有高校学者及本地文史专家。

在以往的城市规划中，公众的参与程度较低，规划师被认为是政府的代言人。在如今规划转型、公众参与意识不断提高、政府行政权力下放的形式下，规划师在历史街区的保护与再开发中，能站在第三方的角度上，深入了解各方利益诉求。志愿参与的文史专家和高校教授，既是居民的顾问，也为政府、开发商提供参谋，成为各方沟通的桥梁，引导街区发展，在保留社区传统文化的同时，推进社区更新。

3.4.3 更新实施过程

在"美丽厦门共同缔造"的政府行动背景下,为解决沙坡尾社区迫在眉睫的一系列发展问题及社区矛盾,在2016年组织的沙坡尾共同缔造工作坊中,由中山大学、厦门大学、香港理工大学及华侨大学组成的规划团队,以讨论"渔船该如何回归"及凝练沙坡尾未来发展愿景为目的,搭建由基层政府、居民、渔民、公共媒体、社区组织及公益人士等组成的共同议事平台。多次协商后明确工作坊的核心任务,包括以下4点:①开展社区营造,激发群众的公众参与意识;②解决退渔矛盾,制定渔船回归的策划方案;③增加社区活动及社区文化传播空间,改造公房作为渔港博物馆及社区活动中心;④制定社区行动计划,确保社区规划稳步实施。

3.4.3.1 前期调研及初步设计

规划师团队首先深入社区进行实地调研,对社区现状和社区文化要素等内容进行采集记录,在过程中,坚持"自下而上、公众参与"的缔造方法,设计了以社区文化要素和以社区问题为主的走访调研、渔船调查、渔民和居民访谈、组织社区小课堂及公众咨询会等工作坊系列活动(图3-13、表3-5)。通过深挖公众对于社区发展的看法及对于解决社区问题方式的建议,实现在规划中充分体现公众诉求,将公众意愿用规划语言表达出来,而不以规划师或政府的经验进行设计。前期调研的重点是对社区空间环境、文化要素及现状业态发展情况等进行梳理,挖掘社区传统文化要素,全面了解社区发展脉络,详细了解居民群体、投资群体、管理者群体及社会群体等对社区发展的看法和愿景,找到各利益群体之间可能存在的共识和矛盾点。

图3-13 沙坡尾社区渔民、居民等多元群体访谈

前期调研阶段主要内容　　　　　　　　　　　　　　　　　　　　　　　　　　　　表 3-5

阶段	工作内容	参与主体	参与形式	参与成果
前期调研	沙坡尾共同缔造工作坊主要任务拟定	思明区政府及厦港街道办	会议	初步拟定规划目标
		规划团队	会议	
深化调研	社区居委会初调	规划团队	居委会调研+访谈	社区基本情况介绍、社区发展意见
		街道办工作人员	居委会调研	
		居委会工作人员	接受调研与访谈	
	社区实地调研	规划团队	现场踏勘、访谈	访谈纪要、社区现状情况分析、问卷收集
		沿街商铺或居民	接受访谈、问卷填写	
	渔船情况确认	规划团队	现场踏勘、访谈	渔船基本情况和专业技能知识掌握
		船厂师傅	接受调研和访谈	
	社区群体集中访谈	规划团队	访谈、问卷发放	意见征集和社区发展问卷回收
		自媒体	接受访谈、问卷填写	
		民间文化研究专家		
		渔民代表		
		居民、商户		
		游客、大学生	问卷填写、访谈	
	工作坊驻点活动	规划团队	组织活动	收集社区资料、收集规划意见等
		居民、商家、游客等	参与活动、提供社区资料	

3.4.3.2 第一次公众咨询会及方案修订

2016年12月初，工作坊召开名为"沙坡尾的第101种可能"（寓意每个人心中都有一个沙坡尾，沙坡尾的未来可能性是由公众决定的）第一次公众咨询会，邀请本地文史专家学者、自媒体代表、居民、渔民、本地商家、区旅游局、高校学者等社区利益群体和关心沙坡尾社区发展的各界人士共同参与（图3-14、图3-15），通过"嘉宾发言、问题回收——意见总结分类——主题讨论"3个步骤的开放式讨论，引导形成当前公众最关心的发展问题，并针对此探讨解决方案。

咨询会结束之后，规划团队根据公众意见进行成果修改和深入。基于群众对还原沙坡尾历史真实性的诉求，工作坊再度邀请文史专家共同参与，深入对沙坡尾历史文化的系统性研究，恢复其历史原貌，整合社区资源。

3.4.3.3 第二次公众咨询会及总体完善

2017年3月初，工作坊团队举行了第二次公众咨询会，在社区工作者的协助下邀请社

图3-14 第一次公众咨询会现场

图3-15 意见汇总

区各群体的广泛参与。此次参与人员较第一次人数更多、范围更广，包括了渔船管理涉及的思明区旅游局代表、渔业局代表、街道代表、社区居民、渔民、本地文史专家、公共媒体、高校学者、本地商家及开发商等（图3-16）。会场中设置了规划方案成果展板，在会前供参与者了解方案，并由规划师进行现场解答。参与者在经历了第一次咨询会后，明显对这次会议有了很强的信心和期待，认真听取各部分规划方案的汇报，并进行记录，汇报结束后针对具体的方案内容提出问题和看法，由规划师进行——解答。最后，与会各群体一起讨论、修订规划方案，并达成共识。

根据方案咨询会达成的共识，规划团队对方案进行了最后的调整和修改，并与政府商定各项计划的实施顺序，自此沙坡尾共同缔造工作坊正式完成阶段性任务。根据社区的需要，厦门大学团队在后续负责跟踪渔船回归、社区系列活动举办以及渔港博物馆的建设事宜，并根据实际情况和公众意见适当调整方案，持续助力社区的和谐共治发展。

图3-16 第二次公众咨询会现场图

工作坊的参与过程,使一批热心于社区事务的居民在潜移默化中掌握一定的规划常识。以此为基础,通过课程培训、项目指导等方式,培育社区规划师,形成可持续的基层规划力量。工作坊要求政府、规划师、社会学者、群众等多方共同参与,在规划过程中促使各方建立起良好的合作关系和沟通机制,促成政府与群众、群众与群众之间的和谐关系,充分发挥各方的智慧,融合多方的价值观,从长远角度来看,这将有效促进城乡规划的稳定实施(表3-6)。

沙坡尾更新规划 4.0 分析表　　　　　　　　　　　　　　　　　　　　　　　表 3-6

发展阶段	代表性规划	发展背景	发展定位
社区共同缔造	沙坡尾共同缔造工作坊	1. 社区更新; 2. 社区意识增强	活态的海洋文化场所
更新机制	主要策略倾向	经济焦点	更新特征
"自上而下"与"自下而上"结合	1. 渔船回归; 2. 社会组织培育; 3. 活态博物馆	1. 政府投资与市场相结合; 2. 社区力量和自治组织参与	共同缔造

3.4.4 更新实施评价

由于处在旧城核心区,经济发展的带动使沙坡尾内部产生了复杂多样的社会关系与利益诉求。因此,物质空间的衰落不是阻碍沙坡尾发展的最主要的瓶颈,仅仅依靠空间改造或产业升级的更新模式也是不够的,需要基于渔业转型重新思考"人-空间-制度"之间的关系。在沙坡尾更新博弈机制中,分别代表资本、权力和人文的影响因素相互制约,由传统的权力或资本的"一家独大"转向进行多方融合及协调,进而逐渐走向平衡。沙坡尾片区的空间生产由资本主导下的空间使用者置换与生产关系转变，发展至政府干预下的新社会空间形成，人文因素在其中始终对空间再生产发挥着一定的修正作用。多元博弈主体在争取共同利益最大化的基础上，采取不同的形式在空间生产中互相博弈、达到均衡及共治。

共同缔造工作坊是沙坡尾社区第一次采用由规划师组织政府及社区利益群体共同探讨规划编制的工作形式，对于沙坡尾而言也是一种缓解社区矛盾、促进社区共同治理的更新模式。在此次参与式社区更新规划中，达成了如下共识性成果，并逐一实施：

（1）沙坡尾地区应该被作为海洋文化的活态博物馆受到保护，渔船应回归到避风坞，渔民将转变为海洋渔业文化的守护者与传承者，参与到推广本地民俗、传授渔业技艺及引导捕鱼体验等活动中（图3-17）。

（2）沙坡尾不应成为大众化的旅游目的地，地域性文化及生活形态需要得到保护，要对具有特色的本地传统业态及具有本土人文内涵的机构进行经营补助。

（3）人口老龄化及物质空间的老化不应制约历史街区的发展，需要通过政策扶持增加多元化的创意文化空间及活动，吸引年轻群体来激发街区活力。例如，将废弃的厂房改造为美术馆、音乐空间、艺术中心等。

（4）历史风貌街道及建筑是沙坡尾历史故事的"讲述者"，应充分进行保护并活化利用，通过将公有产权建筑运营作为公益文化空间，让其发挥更大的社会价值。

（5）公众参与模式应持续性地推动沙坡尾社区未来的良性发展，促进社区内各群体建立起了良好的合作关系和沟通机制，关注并参与到社区发展的事务中。

4.0社区更新规划（图3-18）经思明区政府委托，由四校联合组成的共同缔造工作坊规划设计团队主要规划而成，此外，思明区政府还成立包括政府行政领导、厦港片区各大

图3-17 退渔后渔民进行渔业技艺及文化讲解

产权业主单位负责人以及厦港相关工作人员共同组成的沙坡尾改造提升工作小组，主要负责辅助工作坊工作，同时，渔民、居民、商家、专家以及自媒体等公众共同参与其中，将政府推动与社区参与结合，一起推进规划方案的设计与实施。方案制定了渔船回归策划、渔港博物馆策划与社会组织培育行动计划，得到了公众的积极支持，激发了居民的社区意识，开启了沙坡尾共同缔造的先河。

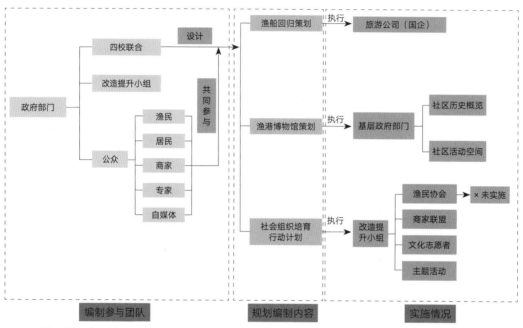

图3-18 沙坡尾社区更新规划4.0实施过程示意
（图片来源：作者根据《沙坡尾更新规划》绘制）

3.5
基于设计介入的参与式社区服务

▶　　在沙坡尾共同缔造的过程中，居民的参与热情被充分激发出来，在工作坊团队的介入激活下，社区开始出现更多来自居民反馈的声音，表达对于公共空间提升、市政设施改善和交通组织优化等方面的诉求。因此，厦门大学作为本地高校构建了社区服务学习工作坊制度，对沙坡尾社区更新的实践更多的作为了一种持续的、与社区居民一起共同推动的设计介入服务。

参与式社区服务是从规划专业角度、综合的视角和系统的思维切入，从公共空间和社会活动两个层面的参与介入，以问题为导向，相比于关注项目的使用效益和经济因素，更关注问题的背景、潜力及解决问题的工作方法与过程。其目的在于正向、积极地影响促成居民发现问题和自主思考、解决问题的能力。通过内外部驱动的共同力量介入社区，共同谋力以充分激发活化社区。设计则不再是为物质资本服务，而成为一种社会设计和服务。

3.5.1 公共空间的设计介入

针对社区日常公共空间的设计介入，是以空间议题和设计介入加强社区人群的联络，试图挖掘闲置公共空间的隐藏价值，希望通过改造实现优化基础设施及展示社区文化的目的，并进行治理创新的实践。

3.5.1.1 设计实践：社区闲置三角地

作为沙坡尾社区内为数不多的活动空间，该场地因车辆乱停放、空间占用及交通隐患等问题成为厦港街道的痛点（图3-19），团队本着"参与式设计"的方式，一方面进行社区居民日常活动的观察记录和调研访谈，另一方面邀请居民、街道工作人员共同进行沟通与探讨。从中了解到居民对于三角地的空间诉求有：①车辆管理，为社区交往活动留出空间；②骑楼延伸，保障人行安全舒适；③文化传承，展示沙坡尾深厚底蕴；④置椅植绿，优化公共活动空间。通过引导居民参与空间更新，形成各自的设计创想。活动中参与者提议，为改善和提升沙坡尾形象，以墙绘、地面彩绘及座椅设计的形式融入历史文化元素，最终通过平面设计和文化涂鸦的两种表达方式完成多组居民设计成果的意象表达。

社区居民的参与、讨论与动手设计，充分体现出了居民参与公共事务的热情，最终共同确定以空间功能的调整修复、文化传承与艺术装置的置入作为切入口，更新设计采用街道家具及墙绘艺术置入的方式与在地文化相结合，提高空间的可识别性（图3-20），具体如下：

图3-19 场地整治前

图3-20 参与式社区服务活动现场

（1）平面设计。包括地面铺装以及休憩设施设计，儿童游乐区以红橙相间的运动塑胶铺地，增添趣味性，并配备桌椅设施和错层绿化带；观赏休憩区从渔港文化中提取元素，地面以与沙滩相近的黄色作为铺砖，休憩桌椅形似礁石。同时对场地变电箱进行涂鸦设计并通过船体造型的装置进行安全范围的隔离（图3-21）。

（2）文化涂鸦。结合周边错落居民楼墙体并通过涂鸦形成文化展墙，以当地的民俗文化、海洋文化、渔港文化等作为主题，利用海洋生活场景元素，以及社区内历史建筑鹦哥楼等元素，彰显社区文化特色，展现厦港片区"山—城—海"的空间格局。两片景墙以疍民文化故事线为主题形成连续的墙绘故事，构成入港、泊岸和集市的完整故事线（图3-22）。

图3-21 设计效果图

图3-22 文化墙体故事线

3.5.1.2 设计介入的经验总结

（1）设计介入的主体、程序与规则

由于日常公共空间的更新具有繁琐性、碎片化、历时较长且成效不可控的特点，因此高校作为设计介入的主体更为适宜。通过控制研究课题与项目、课程安排来实现，在实践过程中进行调研访谈与设计沟通和修改。同时，应把握一定的规则，即设计成果具有一定的落地性和可实施性，妥善与社区生活接轨，达到落地性与创新性的平衡。

（2）设计介入的策略及经验总结

日常公共空间被视为承接日常生活和公共生活的"第三空间"，是社区文化的显示窗口。本案以社区营造的方式循序渐进引导多方参与，验证了日常生活视角的场域重塑对解决城市更新过程相关矛盾的有效性，因此具有广泛推广的潜力。

1）行为引导与问题的物化。应充分挖掘社区的剩余空间，基于居民日常生活方式、使用习惯与地方文化特色进行更新设计，从而达到空间优化、功能活化以及文化宣传的目的，增进人群交往并提升社区的认同感。

2）多方参与形成设计权力的分享。通过设计介入人活动激发社区共治的热情，改善人与人、人与环境的关系，完善公共空间管理体系，并进行具有文化深度的互动，使场所产生新的可能性和可持续的价值。

3.5.2 社区活动的策划介入

沙坡尾的核心区地位与空间特征使其成为众人的视觉焦点，然而由于缺乏自我辨识和集体认同，逐渐向精致化和同质化发展。鉴于国内大型城市规划公众参与的普及和厦门市公众参与的创新拓展，公众的参与至关重要。而通过社区活动策划的介入，能够更好地向居民传达社区规划的理念、知识，提升居民对于社区自主更新的能动性。以厦门大学社区服务学习工作坊的具体实践为例，团队试图从社区本身的文化资本和问题出发，以互动活动达成社区动员宣传和需求调查目的，希望通过文化活动和参与式设计，融合科普教育于居民的生活环境，使居民和游客对厦港街道历史及文化有更深厚的认识，激发居民的文化自信与社区认同感，形成开放性的参与式规划设计介入的探索。

3.5.2.1 设计实践：厦港社区互动日

通过"厦港社区互动日"活动的介入，以协同策展的方式面向公众开放，以游戏、体验等多种形式，引导居民参与社区改造设计。为了更好地探索高校介入社区服务的可持续机制，整体活动的策划及组织包括了课堂讨论、方案形成及活动执行三部分。

（1）课堂讨论

基于社区规划课题探讨，鼓励学生交换身份角色、进行场所体验，发现社区发展潜力，探讨社区的"问题清单"。经由探讨和修改调整，确定一条主线、四个板块的多个议题的策展方案（图3-23）。

图3-23 高校的课程探讨

（2）方案形成

板块一：感官沙坡尾。以视觉、听觉、触觉多个感官体验立体化呈现沙坡尾的文化。视觉沙坡尾通过文化地图和明信片传达；听觉沙坡尾以音频播放与影像展示的形式传达社区生活和故事；触觉沙坡尾通过渔港文化的老物件营造意象氛围。

板块二：无忧厦港，基础设施建设。针对交通、市政设施及设施管理问题进行调研并提出空间解决方案，并结合垃圾分类政策，形成知识科普课堂。

板块三：活态博物馆，街区风貌建设与传统业态挖掘。通过街道布景的还原进行街道立面风貌、最美店铺的评选，并通过游戏互动的方式进行老店故事和特色的宣传与推广。

板块四：愿景共创，公共空间参与式活动及提议。选取福海社区的闲置空地作为实践的设计对象，以"社区儿童共绘"的形式鼓励居民进行空间的设计提升探讨；此外，设置全年龄段的参与活动，如通过愿景墙收集大众的社区愿景和诉求。

（3）活动组织

在街道的协助下活动顺利开展，由于结合游戏的打卡设置，活动吸引不少参与者的融入与分享，慕名而来的老厦港人主动参与并承担厦港文化宣传和导览的志愿者工作（图3-24）。活动为沙坡尾的更新收集众多群众的指导意见，如活态博物馆板块了解到最受喜爱的沙坡尾立面风貌类型，以及人群对风貌的看法是建立在地域气息和符合大众审美的基础上。

图3-24 活动现场图

3.5.2.2 设计介入的经验总结

（1）设计介入的主体、程序与规则

这一实践的介入主体是厦门大学社区规划课堂师生团体。通过理论与实践结合的方式，达到社区动员宣传和需求调查的目的。活动分为方案预备、方案形成、活动执行的三个步骤环节。实践过程把握着两个基本规则：其一，从社区的真实情况自主寻找设计的切入口；其二，活动执行应具备开放性特征，展示内容应具有易读性和趣味性。

（2）设计介入的策略及经验总结

在地文化是社区的吸引力所在，不仅是街区的历史文化故事和文化节点，也包括社区居民的生活方式与生活场景，只有满足居民日常生活场景需求与社会角色需求的更新才是本地文化创意性更新的导向。

1）以活动组织开创设计介入的新方式。使社区更新从硬件与软件上进行建设提升。通过创新活动实现社区的沟通对话和社区品牌形象的提升，并借助社区群体参与重塑社会空间意义价值，培育和孵化社区组织，形成社区自我造血。

2）设计介入的大众化，减小沟通难度。由于社区人群的文化背景与受教育程度不同，因此设计介入的成果应通俗易懂，实现真正的开放性设计与多个利益主体的沟通对话。

3.6 沙坡尾片区更新的思考

▶ 沙坡尾片区承载着老厦门的记忆，社区更新需协调不同群体的空间利益，要实现沙坡尾的可持续发展，应在空间再生产中考虑不同利益者的需求，具体包括以下几个方面：

首先，政府应积极发挥管理者的作用，针对不同空间主体实施差异化政策，为以渔民及文艺青年为代表的被边缘化群体提供相应策略，满足其空间权益，防止其认为自己被越来越边缘化。同时建议，通过增设片区内的共享公共空间等手段，加强居民交流，密切邻里关系，重建居民的社会网络。

其次，对资本进行合理的控制及引导，制定有效的制度对非优质业态加以管控，通过设置同类业态的上限占比，对以消费主导的资本进行准入限制，防止同质资本对空间的"霸占"；结合税收减免等政策鼓励渔业等相关的传统业态回归，弱化资本的空间蔓延，保育片区文化。

此外，深化公众参与机制，借助工作坊等形式创造良好氛围，形成对权力与资本的监督及有效制约，促进代表人文情怀的原住民及社会力量积极参与到空间再生产过程，在城市更新的过程中体现公众的思想，形成一个权力、资本、人文力量共同作用的城市空间治理结构。在沙坡尾的空间再生产过程中，要达成合作共赢局面，各利益主体间需构建起良性互动关系，各利益方应对空间再生产达成共识，方能实现可持续发展。

沙坡尾的更新历程就像厦门旧城社区更新的一个缩影，各阶段的更新目标和更新手段都表现出各不相同的特点，从拆建式更新到渐进式存量应对，再到新一阶段的社区更新，旧城改造的开发强度不断弱化，且随着对旧城认识的不断深入，对旧城风貌与文化的保护逐渐占据重要地位。规划逐渐关注到城市文化传承，关注到"人"的需求和发展，同时更加注重规划中的公众参与。总体而言，在厦门市政府开放的管理环境、市场的积极响应以及市民意识日益提升的背景下，沙坡尾片区较国内其他历史街区，空间再生产社会条件较好。参与式规划的目的不是仅仅发动居民一起改造社区环境，更重要的是实现社会关系的再造，在未来应继续引导多方群体共同参与，同时需要政府部门着眼全局，协调资源，结合各种社会力量，实现从空间调配到时间调配的投入运筹，让更多主体分享到片区更新的红利。

第 4 章　曾厝垵片区更新实践

4.1　曾厝垵片区概况
4.2　社区转型历程及困境
4.3　社区共治的社会基础
4.4　共同缔造下的更新跨越
4.5　曾厝垵片区更新的思考
4.6　曾厝垵片区更新的启示

4.1 曾厝垵片区概况

▶ 历史上的曾厝垵是一个临海小渔村，以"男渔女织"为主要生产方式，并依靠房子出租作为主要经济来源。明初厦门城初建，位于厦门港南面的曾厝垵也成为军事要塞，据《鹭江志》所述"曾厝垵在厦门尽南，西扼海门，南对太武，东制二担浯屿之冲，沙地宽平，湾澳稍稳，可驻大军"，因此清代曾有水师在此驻守，民国时期的"海军航空处"也曾建于此（图4-1）。

20世纪初期，随着厦门与东南亚贸易交流增多，曾厝垵中的华侨陆续回村投资建设，村内曾氏宗祠、番仔楼等体现了这一阶段的发展。20世纪中后期，随着华侨没落，曾厝垵逐渐回归渔村的生活生产形态。1970年以前，曾厝垵均以渔业为主要产业，渔民为主要群体。1984年设曾厝垵村委会，1987年划归思明区管辖，2003年"撤村改居"设立曾厝垵社区居委会，占地面积约为6.5平方公里，下设8个自然村，10个居民小组。户数1521户，总人口4502人，外来暂住人口6735人。当前村庄的耕地已被完全征用，现状无可供发展使用的集体用地，建筑密度高达41.6%。

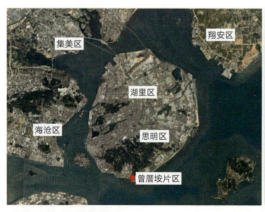 

图4-1 曾厝垵区位示意图

4.2 社区转型历程及困境

▶ 自厦门建立经济特区以来,由于城市的发展和海洋环境的变化,曾厝垵的土地被大量征用。居民无法再从农业和渔业获得生活来源,第一产业迅速没落。随着20世纪90年代开始大力推进城市化,大批的农村人口进城务工,对于房屋租住的需求增大。

4.2.1 城中村的"网红"萌芽

改革开放后,对比厦门其他区域的飞速发展,曾厝垵随着近代华侨的没落逐步成了被边缘化的城中村,村落环境衰败,青壮年的外出务工也造成劳动力及活力的缺失,村庄一度面临拆迁的困境。

2000年,厦门岛环岛路东南路段的开通为这个没落的渔村创造了转机,优越的交通环境及自然景观条件,使曾厝垵成功地搭上了厦门旅游业的发展快车,完整的村落格局、古厝、小巷、村民及闽南海洋元素逐渐引起了外界关注(图4-2)。

2001年,厦门大学曾厝垵学生公寓建成,曾厝垵独特的气质、纯净的乡村氛围、低廉的房租以及宽松自由的环境吸引了大量大学生的关注,不少艺术专业学生毕业后在此设立工作室,也逐渐吸引大批文艺创作者入驻。

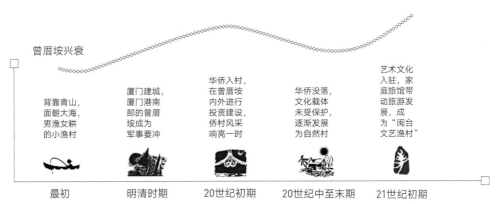

图4-2 曾厝垵历史发展过程

2003年，原曾厝垵村委会实现了"村改居"的转型，为后续作为城市社区发展提供了有效的管理支持，对集体所有土地性质的保留，则为当地原村民对空间的自由改造留出了可操作的余地。曾厝垵以背山面海的优越地理条件（图4-3），逐渐聚集起学生、艺术家、务工者等外来人口。2004~2005年，受鼓浪屿旅游热潮及民宿发展的带动，曾厝垵以低廉的租金和消费水平吸引来了第一批草根文创者及民宿老板。

图4-3 优越的自然环境为曾厝垵带来发展动力

在曾厝垵错落的街巷中，街角的涂鸦、彩绘、醒目而文艺的店招形成了强烈而连续的视觉冲击力，会使人忘记其曾经的城中村身份。但从屋顶第五立面来看，会发现它与其他自发性建设、填充、发展起来的城中村并无两样（图4-4）。

在快速城镇化发展阶段，曾厝垵进行着自下而上的更新。企图逃离功利社会和快节奏生活的文艺青年来到这里，开始重建他们心目中的曾厝垵。曾厝垵的乡土特性与他们的理念追求不谋而合，在想象与实践中他们为曾厝垵赋予了"慢生活"的空间特性。许多游客也同样为了逃离现代生活而进入这里，享受真正慢下来的旅行。随着旅游业的迅速发展，曾厝垵从一个小渔村发展为"网红"，有着各种画室、小酒吧、手工作坊、音乐餐厅和特色主题客栈等，在2005年，每年吸引近百万以背包客为主的游客，也因此被称为"全国最文艺渔村"。

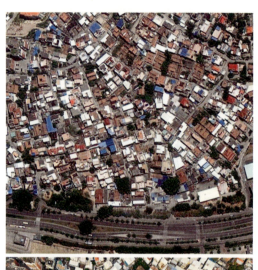

图4-4 曾厝垵2010年（上）与2015年（下）鸟瞰对比

4.2.2 产业转型带来高速自主更新

2006年6月，曾厝垵全面退渔，房屋出租成为渔民的主要收入，这里也逐渐成为文艺青年及"穷游"背包客的据点。2009年，随着网络旅行攻略的扩散，一大批绘画、雕塑、音乐和摄影等艺术创作者大量聚集，让渔村的文创气息愈发浓厚。

2010～2011年，福厦铁路动车线的开通带动民宿经营的爆发性发展，沿环岛路的村口旧鱼市被改造成整齐的海鲜舫一条街（图4-5），形成了曾厝垵具有闽南建筑风格的入口界面，迅速吸引了大量人流，真正意义上带动了曾厝垵井喷式发展，造成土地价值的不断攀升。

2010年后，依靠互联网平台的宣传发酵，曾厝垵持续吸引了大量商铺及民宿的入驻（图4-6），原本以居住为主的渔村，逐渐在商业化的侵蚀下呈现出高度混杂的功能及格局，

图4-5 曾厝垵入口及海鲜舫一条街

图4-6 曾厝垵文创村艺术海报及创意店铺

第 4 章　曾厝垵片区更新实践

物质空间环境日趋杂乱，垃圾卫生堪忧，雨后道路泥泞不堪。违章搭建、配套落后和环境混乱等问题，与其他城中村毫无差别，曾厝垵一度面临着是否拆迁的讨论。然而，严重制约曾厝垵发展的困境远不止如此，处理社区事务、制定管理机制和相关制度远比解决空间上的问题复杂得多。住房扩容、物业出租、民宿经营，这些支持着曾厝垵的特色经济却是"违建""违规"的产物，而由此引发的民宿执照的无从办理，租金3年内上涨10倍造成的租约纠纷，以及经营欺诈、业态趋同等现象更使政府无从下手，造成了社区治理的极大困境。

在强劲的旅游发展刺激下，房租经济的兴起使曾厝垵内违章建筑的密度不断攀升。而民居从居住变为商业用途，土地性质的无序化扭转也使道路、供电、环卫、给水排水等既有的基础设施不堪重负。

4.2.3 快速发展下的困境危机

正是这种在集体所有土地上的自发性改建，形成了曾厝垵社区自由多样的空间肌理与独具吸引力的人文环境，然而对社区管理者而言，在这种杂乱中维持住秩序却是一个不小的难题：如果依靠传统的政府"由上自下"的空间规划进行强制拆除整改，不仅会使曾厝垵"变味"，改造拆迁所需的巨额财政投入也可能使政府不堪重负，其实施性及可持续性并不理想。与此同时，早期自发的违章建设及物业出租模式逐渐遭遇正式制度的阻碍。由此表现出的是管理机制的缺失，而"剪不断理还乱"的关系和利益诉求也并非政府"自上而下"的传统行政解决方式所能平衡的。

由于曾厝垵旅游业的迅猛发展，客源和商业需求的增加，使得房屋的需求量大大上升，曾厝垵的商铺和房屋出现供不应求的情况。为了获得更多的利益，社区内出现大量的违章搭建。

对于餐饮、酒吧等其他行业，办理商业执照无需出示房屋产权证，但是家庭旅馆属于特种行业，办理经营执照需要出示"房屋建筑权属证明"与"建筑安全鉴定证明"，这些证照办理的前置条件都是产权证。然而目前村庄的居民住房几乎不具备完整的产权，因此无法办理到家庭旅馆的经营许可证。所以，在曾厝垵快速发展下，其面临的核心问题在于家庭旅馆经营非正规性的处理和解决（图4-7）。

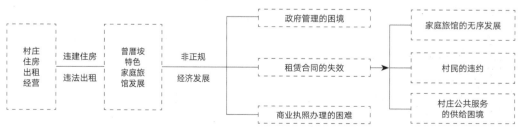

图4-7 村房出租经营的主要问题

4.2.3.1 违章住房大量存在

违章搭建数量的不断攀升，使社区的公共服务设施服务水平下降，也直接影响了社区的居住生活质量。由于占道经营路面变窄，环卫、给水排水等设施不堪重负，导致居住生活环境不断恶化。在2013年3月的摸底调查中，曾厝垵共有家庭旅馆229家，涉及房屋237栋。这些房屋的总建筑面积为80803.64平方米，其中有产权的面积为53.97%。有完整产权的家庭旅馆44家，占19.21%，有部分产权的家庭旅馆162家，占70.74%，没有产权的家庭旅馆23家，占10.04%。这些无合法产权房屋主要分为三种情况：一户一宅局部违建、一户多宅整体违建、临时的违章搭建。其中一户一宅局部违建现象最为普遍，主要由于村民在对城市政府征地拆迁的预期情况下，存在多盖多得的投机心理；同时因3层以上私房向区建设局申办规划审批手续的程序繁琐、困难，所以这类住宅往往存在3层以下有部分产权的现象。而违章搭盖的建筑对村庄造成较大的影响，其往往占据了村落的主要道路，或突出于主体建筑外，普遍用于经营小吃、便利店、饰品店等商业，对村落的交通组织、公共环境卫生和建筑空间都有较大影响。此外，为获得更多的利益，村庄原住民大量外迁，以腾出房屋出租来获取更大的利益。这些问题的出现是由于社区不健康发展的结果。

4.2.3.2 租赁合同的合法性危机

虽然从土地管理法的规定中可以看出，国家并未杜绝宅基地的出租经营，并且对承租人资格也没有相关约束。但由于曾厝垵中大量的违章建设房屋，属于无产权房屋，不得用于出租等经营活动，所以租赁合同本身在法律上不受保护。其次，经营者在与村民的合同签订过于简单，缺乏相应的公正程序，对违约金的设定也较低。房屋需求量的提高使得曾厝垵的租金大幅度上升。走访发现，曾厝垵的租金几乎每个月都在变化，并且是呈现翻倍增长的趋势。同时，由于村民法律意识薄弱，出现许多的违约毁约行为。例如，不配合办理相关营业执照、分空间出租收费、找借口要挟上涨租金等，都为经营者带来较大的冲击。2012年，由于业主变相增长租金，70%以上的商家受到影响，高额的租金使居民仅依靠租金就可达到年收入30万~50万元。

4.2.3.3 房租的快速上涨与准入机制的缺失

从2014年初对现状的调查情况来看，2013年全年大约有80%的经营户处于盈利状态，20%的经营户由于店租太高、管理不善、业主违约、经营项目等原因导致亏损或转让，每年店面的汰换率约为10%。庞大的客流量与迅猛的发展态势使得房租也相应快速增长，对许多从事文创产业的青年造成了巨大压力，也让许多经营户入不敷出。

同时由于缺乏准入机制，村落中家庭旅馆的发展处于失控状态，缺少相应的约束。只要能够在村落中租到一栋房屋，就相当于有资格开设旅馆，甚至于在某些阶段中，曾厝垵每天都会增加几家旅馆。发展至今，曾厝垵被创业的热潮逐步推向顶端，截至2015年10月，在文创村仅1.25平方公里范围内，汇聚了包括画家、雕塑家、音乐人及来自全国各地的各类文创青年共计超过5000名创业者，开设创意店铺约1600家（其中旅馆300家，美食750家，文艺店铺360家，其他店铺、工作室、文创企业类190家）。2015年度游客总量达到1200万人次，旅游产值据统计超过15亿元，全村年租金收益达1.5亿元。

4.2.3.4 公共管理的困境

由于曾厝垵近年的发展更多依赖于自下而上的自主更新，缺乏相应的规划，所以在公共管理层面的治理与约束相对薄弱，主要存在税收缺失与公共空间使用无序两个问题。家庭旅馆作为曾厝垵的核心产业，每家旅馆的年平均年出租率较高，获得的收益较好。但由于曾厝垵家庭旅馆的非正规经营，使得政府无法从旅馆的经营中取得相应的税收来源。而公共空间使用无序主要表现为占道经营现象，村庄内主要街道普遍能看到用手推车等工具搭载经营货物，以及部分摊贩破墙或突出建筑主体外经营，严重妨碍了公共交通的通行，也为环境卫生带来较大影响。

4.3
社区共治的社会基础

▶ 短短几年间，曾厝垵迅速成长，不仅成为年轻人的创业载体，也成为大众旅游休闲的新地标。相比2012～2015年，国庆黄金周旅游人次增加7倍，店铺总数增加8倍，居民收入则增长了10倍，爆棚的游客量使曾厝垵多次受到了央视等主流媒体的报道。而超过千万游客通过网络媒体平台发布评论及参与互动，也让曾厝垵成为名副其实的"网红"。

无论是进行社区空间环境的整治，或是对旅游业进行利益平衡，曾厝垵社区的城中村改造及可持续发展过程，需要兼顾社会、文化、经济与自然生态的平衡发展，同时这也是开发、运用社区资源并实现回馈的过程，离不开社区居民的集体力量。通过共识的凝练来实现共同治理，社区多元群体对自身、相互之间以及社区集体的认同在其中是重要前提。

4.3.1 本土多元群体的自我认同

无论是社区空间环境的整治，或是旅游业发展下产生的利益协商，需要的是社区居民的集体力量。其中，社区多元群体自身、相互之间及对社区集体的认同是个重要前提。

在具有长时间传统渔村历史的曾厝垵，闽南地域文化中由血缘及宗族构成紧密的社会网络关系的特质在"村改居"后依然了延续下来。在村集体一样的熟人社会中，居民自身具有通过宗亲关系进行事务协商的人际关系基础和习惯，对由原村委会改成的社区居委会的权威性有着较高的认可，同时也对社区有着较强的自我认同感。这种在城市社区更新规划中需要努力营造出的社区意识、维护社区共同秩序的主人翁责任感，对曾厝垵而言是一种天然的优势，大大地提高了社区多方共治的可实施性。

与此同时，厦门作为一个移民城市，近几十年来包容着大量来自周边城市及全国各地的"新住民"，形成了包容、自由而开放的姿态和社会氛围。这也是曾厝垵最初能够吸引一批对生活有态度、敏锐而富有才华的艺术家及文创者隐居于此创作、创业的重要原因。这些外来新村民虽然没有原著居民对社区的浓烈情感，但也日渐融入着传统的社区关系，并随着自身参与并推动了曾厝垵的文艺化转变，产生了"我们的曾厝垵"理念，加深了对社区文化和社区集体的共识和认同。

4.3.2 曾厝垵内部的自组织基础

曾厝垵逐步转化成"文创村"，其直接管理机构为滨海街道办、曾厝垵社区居委会。为了给商户创造一个交流的自治平台，2012年曾厝垵创办了"青年创业协会"。之后以筹办曾厝垵首届全国文艺青年节为契机，于2013年3月正式成立文化创意产业协会（简称文创会），开始组织管理与曾厝垵文创发展的相关事务。与此同时，在政府的积极推动下，相继成立了包括曾厝垵业主协会在内的多个社区自治组织。文创会、业主协会与社区干部共同组成了曾厝垵公共议事理事会，为不同的利益主体搭建起了沟通交流协商的讨论平台。通过定期召开公共议事理事会，两协会代表分别对曾厝垵的发展规划、日常管理等议题提出讨论并进行协商决议。社区自治组织承担了曾厝垵大部分居民、商户之间的协调及纠纷处理等工作，不仅节约了政府的行政成本，同时也使居民和商户有了家园意识，建立起基层政府、业主、商家多方沟通协商的机制，有效地促进了改造议题的实施。

这一阶段的更新治理模式是自下而上自发式的，即文创者、原住居民和基层政府等各主体围绕着曾厝垵更新改造逐渐形成的，表现为由早期的个体参与到后期的有组织的团体形式参与，即形成了以街道政府、文创会、业主协会为主体的非正式的治理结构（图4-8）。但该阶段的自治共管机制由于初步形成，还不够成熟和完善，各部门间的分工与职责也在治理过程中发现需进一步改善和明确的方向，使社区自治机制的服务更加到位。具体的分工如下：

街道负责相关政策的制定，对自治组织进行培育及扶持；社区居委会负责社区的物业管理和公共服务管理，例如收取公共空间的使用租赁金；文创会负责商业业态和文艺品质维护，以及商家的管理服务，其中主要包括审查新增家庭旅馆的改造方案，并建立家庭旅馆的评分体系，引导家庭旅馆的正规化管理；而业主协会则负责综合管理与业主的管理服务，主要以住房建

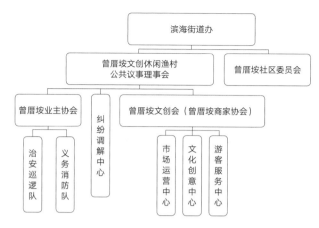

图4-8 曾厝垵更新治理结构

设为管理核心，恢复社区的基层民主机制，引导村民走上自治管理的道路。

对于曾厝垵而言，以社区共治的方式进行改造，可以说是一个经过多方权衡后的可行方案，而本土多元群体的自我认同及政府在应对中所展现出的管理机制变革则组成了重要的治理基础。因此，政府角色从"主导"向"引导"的顺势转变，引导社区成员及有共同利益的相关组织团体，共同凝聚社区意识进行平等协商，成了曾厝垵管理的生机。

4.3.3 政府管理机制的变革推力

2012年之前的曾厝垵已展现出旅游商业化带来的机遇，但随之而来的房租上涨、过度开发、违章搭建、配套落后、环境混乱等问题却愈发严重，亟需得到改造，政府的介入迫在眉睫。2012年，曾厝垵被定位为集文化创意和旅游度假为一体的"闽台文化创意休闲渔村"，为整体环境的改善奠定了有利基础。

多重难题交织下，曾厝垵自2013年开启了"共同缔造"的社区治理实践。

美丽厦门战略将曾厝垵列为城中村社区试点，政府投入资金完成道路、环卫、给水排水等基础设施的建设，而在社区事务管理上，明确政府和社区的各自职责边界，让居民更广泛和深入地参与事务的决定权。在2014年4月组织的"曾厝垵共同缔造社区工作坊"中，中山大学、厦门大学、香港理工大学联合规划团队组建了各级政府、规划机构、居民及业主、经营者、游客等多方群体的对话协商平台，从环境整治、场所营造、制度保障、组织建设等4个方面征求各方意见，并体现在空间整治及制度设计中。从空间整治入手，解决交通、市政等基础设施以及增补公共服务设施是以政府角度推动改造的基础及关键。首次工作坊以政府引导、推动社区内部空间结构的改造作为切入点，通过协商多方诉求，平衡其中所涉及的各方利益，并对公共配套设施布局、被侵占的公共空间节点及街道空间进行改造设计，重点打破宅基地的圈地占地现象，消除消防安全隐患并增加绿地及休闲空间。工作坊的开展既表明了政府转变管理机制的积极态度，也激励了社区共治中各方角色积极参

与各项事务。在由基层政府促成的社区多个自治组织和平台中，鼓励社区组织通过统筹资源和力量进行自我管理。政府管理机制的变革对社区共治格局的形成产生了重要的推力，为曾厝垵社区发展的良性循环奠定了重要基础（图4-9）。

图4-9 曾厝垵社区工作坊的工作过程及议题（图片来源：共同缔造工作坊中大团队成果）

4.4 共同缔造下的更新跨越

4.4.1 第一阶段：社区物质结构的改造

▶ 作为曾厝垵改造的第一阶段，从空间整治入手，解决交通、市政等基础设施以及公共服务设施的配套是作为政府实施改造的基础及关键。而完善公共空间、打造标示性的公共节点也是政府引导、推动社区内部物质结构改造的有效切入点。公共空间的设计对于增进相互情感、建构社会关系等有重要的意义。在规划工作坊开展过程中，针对近年来曾厝垵内本就缺乏的公共空间在商业化发展下被进一步挤占的问题，规划师以公共空间为抓手，首先明确曾厝垵作为厦门重要的闽南渔村文化体验、文艺产业集聚，客栈综合服务的功能定位。在坚持文化创新相结合与历史文脉延续的设计理念的前提下，强化肌理、街巷与空间关系。以发展现状为基础，结合功能定位与多方意见，对其进行功能区划分。在此基础上，根据政府与公众的需求反馈，通过整合可利用的有限空间，结合空间改造评估，与多元主体共同商讨并设计出公共空间的规划方案。

4.4.1.1 "五街十八巷"提升改造工程

曾厝垵原道路为五街十八巷的基本格局，无序但多样化，且机动联通；内部交通以步行为主，有少数运输车辆通过，人车混行，交通量从环岛南路至教堂街逐渐减少；同时呈现出南部道路狭窄、拥挤，北部道路宽敞、路面状况较好的不均衡状态，且通向环岛南路方向的部分出口道路质量较差。

2012年底，曾厝垵内部的空间挤占、基础设施破败及环境恶化等问题到了一触即发的境地。政府着重于基础设施、公共服务配套等硬件设施的完善，对曾厝垵进行了整体规划改造。政府、规划师、业主及经营者以工作坊为平台，对被侵占的公共空间节点及"五街十八巷"格局进行街道进行协商式设计，重点打破宅基地的圈地占地现象，消除消防安全隐患并增加绿地及休闲空间。并通过"以奖代补"进行资金奖励，鼓励村民、经营者通过艺术彩绘、创意景观等方式，对自家房前屋后进行美化改造，使文艺元素为传统街巷增添活力（图4-10）。

设计方案以"营造有地方感的公共空间""完善市政设施、基础设施的配套和管理"以及"形成政府与社会组织新型的管理方式"为思路，确立了"面朝大海，春暖花开"的发展愿景，将曾厝垵分为11个主题片区，旨在整体优化曾厝垵发展路径，提升旅游品质（图4-11）。

图4-10 "共同缔造工作坊"共享庭院改造设计（图片来源：共同缔造工作坊厦大团队成果）

4.4.1.2 村、海人行连接天桥"渔桥"

公共空间打造与自治制度建设成为实施规划成果的主要抓手。其中，连接海滩与村落的"渔桥"（图4-12）是工作坊成果的标志，成为村民、村集体与社区规划师集体共同创造的代表作。社区规划师与社区公共议事理事会制度也在工作坊的推动下正式形成。

在"渔桥"建设上，共同缔造的理念更是实现了对传统规划体制的突破，由于环岛路的建成通车，曾厝垵作为一个以滨海渔村为旅游特点的社区，被城市的发展割裂了原有的自然生态。在这种情况下，工作坊通过融合居民意见，设计了具有渔村文化的"渔桥"方案，并利用工作坊的机制，与政府部门接触沟通，在多方讨论过程中，有商家指出，因受环岛路分割的影响，作为曾厝垵可以吸引游客居住与游玩的重要兴趣点的大海，其潜力未能得到挖掘，因而希望规划建设跨环岛路的人行天桥，在确保往来行人安全的情况下，开辟曾厝垵与大海直接联系的通道。这一提议得到人们的认同与支持，并对具体方案设计提出自己的建议。经过各方讨论，规划

图4-11 曾厝垵功能分区图
（图片来源：共同缔造工作坊厦大团队成果）

图4-12 "渔桥"设计理念及建成效果
（图片来源：共同缔造工作坊香港理工大学团队成果）

师最终选定游客前往海滩的主要节点位置，即曾厝垵中山街口为起点，进行天桥方案的设计。同时，根据当地村民的建议，规划师借助传统渔船构造的灵感，巧用渔船的外观造型并利用渔网、鱼骨等渔村元素，结合仿造鱼身弧度外形，设计兼有瞭望台功能的"渔桥"方案。最终，在社区共同缔造、共商共谋的理念贯彻下，曾厝垵的渔桥顺利建成，成为曾厝垵又一道风景以及曾厝垵与海新的桥梁。

在共同缔造工作机制下建成的渔桥，把传统体制下"不可能"变成了"可能"。在2014年4月的公众咨询访谈中，居民、商户多次提出"渔村没有海"的尴尬现状：环岛路隔断了渔村与海的直接联系，但既有规定出于景观考虑，禁止高架人行天桥的建设。香港理工大学团队融合公众意见，所设计的渔桥方案获得了当地居民的高度评价，并在工作坊成果汇报会上当场得到政府部门的批复。渔桥在共同缔造机制下，突破了传统的层层审批障碍，于2015年初投入使用，成为曾厝垵游客与居民前往海滩的重要通道与景观廊道，也成为当地著名的地标建筑，天桥与入口改造空间融为一体，形成良好景观。

4.4.1.3 古厝改造与活化

作为曾厝垵内保存最为完好、装饰最为华美的闽南古厝，曾氏宗祠门前广场却长期被一些摊贩占据，既给周边环境造成了破坏，又与周边景观冲突，这一空间成为曾厝垵居民最期望改造的空间节点。在讨论中，有一些文艺青年提出自己的观点，即可以结合曾氏宗祠的良好条件，将其门前广场打造成为游客休憩与留念的公共空间。还有村民指出，可考虑增加水塘等设计来凸显曾厝垵的传统渔村文化。结合多方意见，规划师使用符合本地古厝风格的建筑构件，融合休憩空间与水环境的建设，建设古晋风貌的留言墙，并于墙前安置以水池相隔的椅凳，创造动静结合、宜人舒适的公共空间。最终原本被商业挤占的单一功能空间，变为具有丰富公共功能、环境美好舒适的场所，同时可以有效化解因摊贩经营带来的矛盾冲突，并为村内希望进行良好空间改造的个体与组织提供参考。

除此以外，结合青门古厝建设的渔村时光空间，也成为村民与游客共同体验曾厝垵文化的场所。当前，其在滨江街道办事处与曾厝垵文创会共同管理下，成为政府与民间力量相互协作的空间载体。

4.4.2 第二阶段：社区共治体制的建立

4.4.2.1 社区共治机制的建立

社会组织是公众参与社区治理的重要主体，能够发挥联系政府、市场、社会的纽带和桥梁作用。曾厝垵内共1600多个商户、5000多个村人员，消费者更是达到日均上万人次，不同利益主体诉求不同，如租金纠纷、消费纠纷、侵占空间等多种矛盾频发，对此的协调管理是曾厝垵社区治理中最严峻的问题，其中社会组织起到了关键作用。

对于街道办与社区委员会而言，希望上级政府对于村庄发展给予相应的政策扶持与资金支持，加大开发建设；从经营者的角度来看，他们首先希望自己的身份能够得到确认，尤其是家庭旅馆的经营者，迫切希望他们的非正规经营可以合法化，能在村庄发展中受到重视和保障。同时希望政府采取相应措施引导村庄发展，对村民违反合同和违章搭建经营的行为进行约束管控，并更新提升村庄的市政设施；而村民的需求则希望能够少支出多收入，尽可能从村庄发展中获得丰厚的回报。

在曾厝垵正式定位成"文创村"后，为了更好地协调各方利益与诉求，基层政府引导、组建了多个社区自治组织，其中业主协会及文创会发挥着主要作用。此外，还联合义工协会、社区热心人士及相关部门联合组建起消防及治安队伍。社区自治组织承担了大部分居民、商户之间的协调及纠纷处理等工作，不仅节约了政府的行政成本，同时也使居民和商户有了家园意识。

除了处理社区内部日常事务之外，自治组织与基层政府的管理对接也是社区共治机制中的重要环节。基层政府将曾厝垵的管理权下放至社区，通过公共议事理事会定期集中反馈各协会成员的共同诉求。理事会成为基层政府与曾厝垵商户、业主的直接沟通桥梁，使政府能够借此快速了解市场的变化与民众想法，有助于更准确地制定适宜的政策及管理方法。可见，由基层政府、社区自治组织、共治协商平台所构成的社区共治机制，既起到问题及决议的上传下达作用，也能够促进各项规定更有效平稳的实施，为共同解决曾厝垵的多元问题、探索未来的发展模式奠定了重要基础。

政府将社区发展和管理权利交下放给社区居民，更多承担了服务与监督的职能，而由社区、市场等主体进行自我组织、共同行动。

从治理结构来看，曾厝垵共同缔造工作坊的参与者包括市区政府、街道政府、规划师及公议会，它们各自承担了更新中的相应职责。其中，市区政府不仅需要建立起各方交流的平台，还采用"以奖代补"的方式，鼓励居民、经营者自主更新，以充分改善提升曾厝垵的环境面貌，对通过认证的自主更新予以一定补贴。街道政府则是曾厝垵最主要也是最直接的管理者，负责定期召开安全检查会，培育扶持公议会，听取公议会报告及发展规划方案；公议会是更新的主要实施者，主要负责社区管理与发展引导，比如民宿合法化经营、特色文化空间打造、违章建设管理等，体现出一种"微更新"形式的更新方式。规划师作为外来力量主要承担了规划、策划和引导的作用，将各方参与者的想法转为实际可行的空间改造或是政策内容，最终落实为实际成果。

工作坊通过多次实地调研过程中的随机访谈、座谈与问卷调查，广泛收集公众意见，鼓励公众积极参与。并且通过开展公众意见咨询会、方案公众征询会、最终方案汇报会等主要交流活动，在共同确定规划主题、讨论修改规划方案、明确规划成果等基础上，促进政府、村民、商家、规划师、文艺青年等多元主体进行"面对面"的互动交流，使其对相互意见与想法有更多理解。在这些交流活动中，规划师了解到不同主体利益诉求有所不同：对于村民来说，希望从曾厝垵的进一步发展中获取更高的租金收入；而文艺青年则希望能够以较低的租金留在曾厝垵，以保有村庄的文艺氛围；对于政府来说，村内商业与客栈经营的规范性与安全性占据更为重要的位置。结合多方意见，规划师引导各主体之间相互协调，平衡利益关系，并以"面朝大海，春暖花开"的共同愿景为指引，使各主体在有关于具体发展问题与未来发展方向上达成一致。基于此，曾厝垵基础设施增设、客栈规范经营、卫生安全管理等多项改善意见得以形成，并确定跨环岛路人行天桥、社区历史文化博物馆等主要项目有关建设上的统一意见。

4.4.2.2 社区共治方法及实施

（1）针对社区问题的治理

由于曾厝垵内部商家群体数量庞大，且直接与业主、消费者等其他群体产生直接关系，使其成为问题及矛盾最为集中的组群。文创会应时成立后，作为商家代表的自治组织，主要承担协调社区利益纠纷、矛盾的作用，处理的核心问题包括：民宿经营合法化、房屋租金协调、违章搭建、垃圾处理及经营管制等。除此之外，基层政府也以管理权限下放、政策支持的方式，赋予文创会更大的自主权，鼓励其自发进行管理制度的商定及执行。

经过多次组织商家代表对问题进行逐一商议，文创会逐步在商家内部明确了市场规范的共识，于2015年5月修订《曾厝垵文创村自治公约》作为统一管理标准，具体针对房屋租赁、建设装修、消费诚信、商业经营秩序等进行系统规范。并设立红黄牌警告机制，首次发现商家违规，先由文创会进行黄牌警告，督促其整改，规劝无效则交由政府执法部门依法干预，进行"红牌"停业整顿甚至永久逐出曾厝垵市场。公约具体包括：禁止商户未经业主许可多次转租赚取租金差价；禁止业主将房屋租赁给有违法经营前科的商户；严格规范影响环境的烧烤摊位摆放点及数量；规定水果摊需预缴万元诚信保证金以防止消费欺诈行为；制定店面装修风格的审核制度；按时段限制机动交通及停车；控制商家午间与夜间的扰民噪声等。

自治公约作为较全面的社区准则，为曾厝垵的共治管理提供了必要的依据，而由道德规劝先行、依法治理作为支撑补充，这种递进式的实施方法在曾厝垵的社区治理中重塑起了传统闽南村落原有的熟人社会交往中的人情味，进一步促使曾厝垵的商家形成本土认同意识，以类似传统的"乡约"进行自我规范及约束。

1）民宿经营的合法化

民宿是曾厝垵的业态核心，实现正规化管理是各方都希望达成的目标。然而由于相关配套法规的滞后，曾厝垵民宿并未得到正式的经营许可，长期处于灰色地带。由于家庭旅馆的非正规经营是曾厝垵发展所面临的核心问题，其解决对策也引发了众多的思考和建议，其中主要建议有：①认为在不改变农用地所有权体制的前提下，从土地使用权租赁、放松集体土地用途管制的角度，将租赁活动纳入正式的经济活动管理范畴是一条可行的途径；②认为农村居民出租住房并不因此改变集体土地使用权和房屋产权的变更，同时对于当地的经济发展也有着重要作用，因此呼吁应予以肯定和鼓励农村居民出租住房；③建议参考鼓浪屿家庭旅馆管理办法，划定特别政策区，将曾厝垵家庭旅馆纳入合法经营范围，并在证件的审批过程中给予特殊的政策通道；④制定工商企业登记管理办法，具体准入门槛由曾厝垵家庭旅馆协会制定，对文创企业的类型进行引导；⑤建议房屋租赁合同到工商部门备案，并缴纳管理费用，用作曾厝垵的公共管理经费。

在基层政府的支持下，由文创会与管辖派出所及消防支队达成共识，于2014年试行《曾厝垵文创村民宿管理暂行办法》，赋予文创会所管理的民宿自治组织更大的自主权，也对263家客栈通过共识性的管理规则进行约束，激发形成了民宿商家自发整改、业主配合、政策支持的良性发展环境。该办法以安全及消防要求作为合规经营的认可条件，例如消防设施的配比、消防演练、入住人员登记等。文创会负责定期对此进行暗访，并协助解决消费纠纷，发现问题实行警告，严重者直接交由相关执法机构处置。该办法既通过抬高经营门槛的方式对曾厝垵的民宿业进行管控，也促进了现有263家民宿实现商家自发整改、业主配合、政策支持的良性发展，使民宿经营的合法化逐步进入轨道。

2）违章搭建的整治

在商业利益驱使下，曾厝垵内"加高加宽"式的违建行为成为不断出现的严峻问题。社区针对该问题的治理有两种处理方式：政府执法部门负责对直接影响安全及消防的违建进行强制拆除；而针对日常发生的侵犯公共空间的行为，则交由文创会以"底线思维"进行"软治理"，劝导无效再上报城管及街道联合查处。以店铺前的下水道及道路红线作为经营管制范围，文创会负责对违章商铺进行引导，协助其遵守相关的管理规范，同时引导其合理规避法律风险，既保留商铺店面装饰的灵活性，也实现了有效的规整。

3）房屋租金的协调

曾厝垵房租涨幅是火爆的旅游经济催生下的产物，虽然这使原村民收获了大量利益，但也迫使最初入驻的部分艺术家及文创青年由于承受不起高租金而陆续退出，最终造成了曾厝垵业态趋同化及过度商业化的倾向：盈利较低的文创店铺逐步被高利润的小吃及旅游商品所替代。因此，调控房租不仅是解决租约纠纷问题，更是对曾厝垵发展特色的把控。为了防止恶性涨租，文创会分地段制定了房租指导价，并在公约中禁止商家通过房屋转租赚取差价的行为。目前，曾厝垵的房租总体已处于稳定可控范围，但预计3~5年内还有一个租金上涨的风险，因此在近两年内，政府将会在该指导价基础上进一步研究制定租金上限调控政策。

（2）针对社区发展的引导

除协调社区事务之外，曾厝垵基层政府与社区自治组织也针对社区旅游特色、文创发展进行引导及推动，其中由自治组织主导负责策划及执行，政府则通过采取"以奖代补"的政策进行资金扶持，即由文创会针对社区发展需要组织的公众项目或对群众有利的项目，在牵涉公共利益须执行的情况下，先由文创会众筹资金，整合社区资源先行组织开展，活动结束后基层政府对活动反响、民众满意度进行综合评估，进行相应的资助。通过该政策已组织的相关项目包括：修复古民居，并将其改造为展示本土文化、文创及艺术交流的文化场所；组织闽南传统文化演出、文青学堂等日常文化活动；组织举办音乐节、文青节等大型年度活动等。该政策的执行，改变了以往政府自上而下的决策管理方式，既确保了活动组织的吸引力，逐渐塑造出"最文艺渔村"的曾厝垵品牌，也在活动组织过程的众筹中增加了商家的关注度和参与度，实现了社区共议共管的公众决策。

1）旅游体验的优化

在曾厝垵的来访游客量持续上升后，社区在重要活动时甚至达到了人流饱和，例如2015年11月底举行的曾厝垵文青节，节庆4天共吸引游客30万人次。集中的游客量暴增带来了疏散、卫生、垃圾、治安、纠纷等方面的集中压力，也成为曾厝垵旅游体验的口碑风向标。在多次的旅游黄金周中，各社区组织联合政府分管部门，逐渐形成了有益的治理经验，以相应措施来预防可能的隐患：例如高峰期间进行人流单向限行、提倡游客"垃圾不落地"、发动商家开放"爱心洗手间"以解决公共洗手间的不足等，为曾厝垵可持续的吸引力提供了保障。

2）社区特色的营造

曾厝垵的持续活力与其文艺特色息息相关，然而在国内旅游景区同质化的大趋势中，如何保留曾厝垵独有的特色则是未来发展需要面对的挑战。曾厝垵最初受到认可的特色在于渔村、文化创意及文艺气息，这不仅与空间环境相关，也与入驻的人群及店铺业态联系密切。在其中，文创会发挥了主要作用，包括推进曾厝垵文创村的网络宣传平台、指导店铺的更新改造设计、制作曾厝垵推广策划等。同时，为鼓励商铺多进行文艺创作，基层政府及文创会自2014年起，每年评选出10个文艺店铺进行资金扶持。2015年，基层政府及文创会共同组创了曾厝垵众创空间，由政府提供低租场所及资金补助，为创业者提供创业环境及资源，由文创会进行培育扶持，形成开放互助式的创业生态系统，为曾厝垵原创性文化特色的持续发展奠定了重要基础。

3）社区规划师的培训

在规划工作坊对相关空间改造的启发下，曾厝垵村民与商家对于推进周边空间的改造活动有自发的趋势。比如作为积极参与规划工作坊的商家代表，曾厝垵朵拉客栈吴姓老板尝试改造客栈门前的三角空地。吴老板积极与周边商家交流沟通自己的想法，并得到一致认可与支持，之后吴老板与设计公司进行合作，制定具体改造方案，进一步寻求公众与规划师的建议，最终决定将荒置的三角用地改造为以渔船为原型的公共活动空间，并付诸一定的行动和实施。

在此基础上，规划工作坊通过相关课程培训与活动组织的方式，以自愿报名与选拔推荐来培育曾厝垵社区的规划师。当前已建设完成社区规划师团队，团队由居民、商家、文艺青年以及社区内的台湾同胞组成，发挥长期驻扎曾厝垵以及具备规划基本技能的优势，最终推动曾厝垵的长期稳定发展。目前，社区规划师团队有了较大程度的成果，不仅针对社区标识系统提出了多种方案，还实现对重要空间节点的改造。例如，将金门蔡府祖宅中的"金门大赞"古厝改造为游客服务中心等，最终取得显著成效。

（3）创新制度设计

美好环境共同缔造需要依托公众参与，将传统管理转变为社区治理，可以促成社区治理空间的形成。规划工作坊需要依托组织建设来创新制度设计，将公众参与从空间改造的物质层面，延伸至社区治理的非物质层面。曾厝垵文创会在曾厝垵空间业态转变和社区公共管理缺失背景下，负责协调业主与商家矛盾，稳定市场秩序，进而进行对外宣传与营销，曾厝垵由商业经营者建立，其奠定了曾厝垵的自治基础。

在此基础上，规划师以"自治为主，政府管理为辅"的共识作为核心，处理或缓解曾厝垵的发展问题。对于街道而言，以业主委员会与文创会等社区组织作为基础，通过服务外包、公众共管等方式，建设公共事务管理公司，统筹管理曾厝垵环境卫生、游客服务、商家评星、治安保障等多项事务。通过购买服务支持公司运营与发展，并对其工作进行监督与评议。

同时，针对客栈管理、违章建筑管理和商家星级认定等方面受到广泛关注的情况，规划师与各政府职能部门、社区组织与公众代表共同商讨，设计了一系列社区制度，如客栈管理、违建管理与卫生管理等，在进一步规范社区发展活动的同时，将多个主体融入同一个事务中，促进多主体协商共治局面的形成。

4.4.3 第三阶段：机制与发展的良性自生循环

社区空间的优化及自治组织的管理成效，使曾厝垵逐渐达到了旅游发展的高峰（图4-13）。繁荣带来了机遇，而如何提升旅游体验品质、文艺文创水平、店铺和产品的吸引力，则是进一步面临的挑战。愈发成熟的文创会，在协调社区内部事务之余，更多地将精力放在谋发展上。例如通过举办活动来吸引游客，通过提供众创平台吸引创业者，以及做好二者的服务保障等，这代表了曾厝垵的共治机制与旅游文化发展已进入了良性的自生循环。

图4-13 曾厝垵2018年业态分布

4.4.3.1 面向游客的文化吸引及服务

曾厝垵文创会通过政府资金补助，组织修复古厝民居并改造为展示本土文化、文创及艺术交流的特色空间，举办闽南传统文化演出、文青学堂等活动逐渐丰富曾厝垵的文化内涵。并在自媒体网络上进行"村花""十佳风情民宿"等评选，众筹文创村内各创意商铺的资源，组织举办音乐节、文青节等大型年度活动，逐步塑造形成"最文艺渔村"品牌。毫不掩饰的草根性和特色创意显得既轻松又充满活力，吸引着大批年轻群体蜂拥而至。

4.4.3.2 面向创业者的众创平台

曾厝垵的持续活力与各文创店铺年轻的创业者们息息相关,推动了文创产业的快速发展。而文创村的发展历程也是大众创业、草根创业的"众创"历程。而如今的创业成本及门槛居高不下,房租及来自行业同质化的竞争成了最大的考验。2015年,基层政府及文创会为此共同组创了曾厝垵众创空间,为创业者提供技术支持、低租场所、资金扶持等创业资源,形成开放互助式的创业生态系统。众创空间下设的两个工作坊也为曾厝垵的整体发展提供着有力支持:创客工作坊着重于文创村的公共空间改造设计;曾文青创客工作坊将协助商户解决品牌提升、产品研发等问题,营造良好的创业环境和氛围,以保持曾厝垵的活力和竞争力。

4.4.3.3 社区共治的初步成效

我国的基层社区正由行政型社区向合作型社区转变,在曾厝垵的社区共治机制中,现已初步实现了两点:其一,社区自治组织构建了社区居民的组织化参与渠道;其二,基层政府实现了对社区事务的权力让渡和构建,引导社区重新进行了组织定位与改组。社区自治组织在权力构建中通过"筹款、公共关系、谈判、构建联合体、公共演讲、与政府部门沟通、设计公共项目、修缮住房和邻里、管理办公机构或者撰新闻公报"这样的行动领域投身城市事务中,既实现了有效的社区治理,也更多地关注社区群体的诉求,主动在城市经济建设与社会发展、管理的过程中寻求、界定、表达、保护社区利益。

在社区共治模式下,"社区公约"式的道德约束形成了软治理,促使业主、商家逐渐接受并遵守,而这种回归传统的"乡约"意识,则进一步促使了边缘社区群体对本社区的认同感。相比起由相关行政部门直接罚款、劝阻或关店等方式的硬治理,具有弹性的社区共治模式更有利于市场的自由发展,以"少设上限,多设底线"的理念,允许社区跟随市场而创新,也有利于社区的长远发展。

目前,曾厝垵已经完成了社区空间结构的改造、自治体制的建立、社区意识的形成以及管理机制的转变等几个阶段,这为曾厝垵未来发挥更大活力提供了长效支持。虽然曾厝垵的共治机制现已初步形成,但未来在很长一段时间内仍需继续通过共议、共商、共管的方式设立自治制度来解决深层的问题,其中最紧迫的是协调解决社区业主租金快速上涨的问题。该现象主要体现在业主受到市场利益的推动,短时间内逐步推高整体租金水平,导致大部分商家无力承担而被迫退出,甚至出现业主单方面违约涨价的乱象。这使曾厝垵的业态更替频繁,文创艺术类店铺逐步被高盈利的旅游商品销售及餐饮类店铺所替代,这可能会成为曾厝垵特色发展的核心瓶颈。

因此,未来需继续加强对共治机制的深入研究,一方面通过提高业主及店家双方的法律意识,规范市场,监督租住合约及行为的合法性;另一方面寻求市场化调控机制、管理制度及政策扶持手段,实现有益于整体社区良性发展的有效平衡。

4.5
曾厝垵片区更新的思考

▶ 曾厝垵的更新并没有被规划所预设，而是各个主体在更新的过程中被充分调动了积极性，通过不断的磨合和实践而形成的，是满足各方发展期望共同协商的成果。在自主的空间更新改造中，他们逐渐形成对曾厝垵的认同感，成为自治组织形成、社会资本注入和自主更新成功的关键要素。

4.5.1 从"一元"到"多元"：更新主导力量的演变

曾厝垵的更新并非由政府主导开始，而是自下而上自发进行的更新改造，从一些文创者、艺术家们受到曾厝垵独特的环境吸引，到村落渐渐成为一个初具形象的文创市场，街道及居民等多方人群的参与，为曾厝垵形成了更新治理的基础。政府介入后则通过共同缔造工作坊的形式，形成多元参与的"共治"结构（图4-14），让各方参与和治理变得有序、有效，也使曾厝垵最终成为一个充满活力的文创村，成为游客们络绎不绝的旅游景点。城市转型的需求、空间属性的吸引给予了曾厝垵发展的基础，而多元主体基于自身利益出发的各种行为活动则真正推动了曾厝垵的更新发展，在更新治理模式演进的背后更是曾厝垵更新主导者的演变（图4-15）。

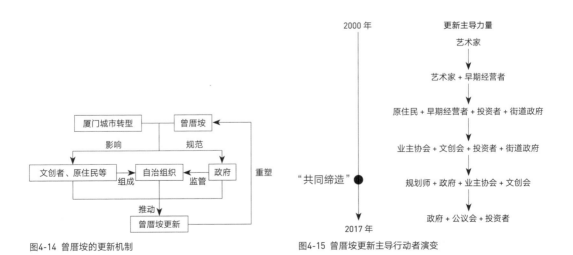

图4-14 曾厝垵的更新机制

图4-15 曾厝垵更新主导行动者演变

在政府引导下，公议会与街道政府成为曾厝垵更新的主导行动者，规划师也在政府的联系下介入更新过程，成为曾厝垵多方共治和文创村形成的主力之一。共同缔造模式的构建，又吸引了众多投资者加入其中，也成为更新的重要力量之一。

在曾厝垵的更新过程中，围绕着空间的发展方向与利益分配问题，政府、居民、经营者代表各自利益共同协商的过程中也形成了一个利益共同体，扩大了空间更新改造的能力，并最终形成了曾厝垵的共同缔造模式。

不同的诉求对象对于空间改造的价值追求不同，曾厝垵的更新历程中各个主要的更新力量与其价值诉求经历了一系列的变化（图4-16），更新主导力量的演变，使得空间价值和各个主体的更新态度也在发生着变化（表4-1）。

如艺术家、文艺青年、游客和原住民看重空间的体验价值；早期租客和商户基于曾厝垵城中村社区的特性对其进行生活方面的改造，强化居住生活特性；各类投资者被曾厝垵

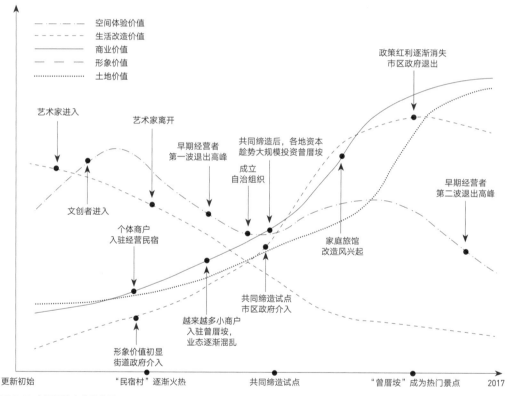

图 4-16 空间价值变化曲线图

不同价值的主要诉求对象　　　　　　　　　　　　　　　　　　　　　　　　　表 4-1

	空间体验价值	生活改造价值	商业价值	形象价值	土地价值
诉求者	艺术家、文艺青年、游客、原住民	早期租客、商户	各类投资者	各级政府及管理人员	原住民与各级政府

的商业价值吸引而来；各级政府及管理人员则更加看重曾厝垵的形象价值及对厦门城市名片的辅助塑造作用；原住民与各级政府致力于将土地价值最大化。

回顾曾厝垵更新历程，其空间价值受各利益相关主体影响而不断变化：

空间体验价值方面，2000年，伴随环岛路东南路段的开通，曾厝垵以其独特的滨海自然风光和低廉的租金吸引了大量的文创者进入，文创氛围逐渐浓厚并达到顶点。后伴随着"民俗村"概念的逐渐火热，早期经营者因房租过高等原因无力维系营收平衡，迎来了第一批退出高峰。面对曾厝垵空间体验感日渐降低的问题，社区内各利益相关主体积极探索发展路径并成立自治组织，伴随着共同缔造的试点，其空间体验价值缓步回升。但此时曾厝垵的旅游事业发展得如火如荼，高盈利模式的快消费行业可以支付高地价，从而挤占了文化创意工作者的发展空间，在2016年左右迎来了早期经营者的第二波退出高峰。

生活改造价值方面，更新初始，艺术家入驻，但随着非正规化的民宿经营逐渐兴起，私搭乱建情况的不断发生，艺术家离开曾厝垵，文艺氛围渐渐消沉，且以居住为主的渔村在商业化的改造过程中，存在设施配套、基础服务难以跟上社区发展的情况，杂乱无章、卫生堪忧使曾厝垵社区发展受到严重制约，其生活改造价值一路下降。

商业价值方面，动车的开通带动民宿经营的爆发性发展，大量海鲜排档、旅游手信等个体商户入驻，但由于缺少规范和控制，业态逐渐混乱，虽然商业价值持续攀升，但曾厝垵的特质正在丧失。共同缔造后，各地资本趁势进行大规模投资，家庭旅馆改造风也慢慢兴起，商业价值逐渐攀升。

形象价值方面，起初，曾厝垵只是逐渐没落的渔村，但其交通条件便利、自然景观优越、村落格局完整，背山面海的形象价值初显。后"民宿村"的概念日益火热，曾厝垵也存在很多"城中村"的通病，街道政府介入后，将曾厝垵定位为"闽台文化创意休闲渔村"，为其形象奠定基调。2014年，市区政府介入其中，联合高校、规划机构等提升本社区物质空间环境及社会文化环境。经过几年的社区营造，曾厝垵的形象价值不断提升，甚至成为厦门城市的一张特色名片。但近些年来，由于市区政府的退出与政策红利的消失，其形象价值停滞不前，甚至略有下降。

土地价值方面，伴随厦门的城市发展，曾厝垵的土地也随着区域地价的攀升而水涨船高。

4.5.2 建构社区"多元共治"的稳定社会结构

"多元共治"的社会结构是曾厝垵更新的重要成果。大部分的城市更新项目在一次性的更新改造后，后续的治理难以维系，更新与治理割裂开来，更新的参与主体无法成为社区治理的主力军。曾厝垵在这一点上则有重要的突破，由于形成了"多元共治"的社会结构，自治组织在其中发挥着重要作用，城中村更新改造成为社区更新的一个部分，重新构建的社会网络和社会关系，帮助曾厝垵形成了一个可持续的自主更新机制。

从前的曾厝垵是一个典型的乡土传统社会，整体呈现内敛的发展状态。随着越来越多的文创者、艺术家的闯入打破了稳定的现状，他们在这里生活创业，从情感上产生了对曾厝垵的认同感与依附感。但由于租金和生活上的冲突还不显著，整体的社会关系尚算和谐。而随着曾厝垵文创旅游的发展愈盛，混杂多样的产业进入，经营者、游客进入，部分原住民迁出曾厝垵，这里传统的社会关系被逐渐瓦解，社会活动减少，交流缺乏。随之而来的就是文创者、经营者、游客和居民共同构成的新的社会结构。通过"文创会""业主协会"等自组织的组织交流，群体间互有交集和影响，这一社会结构逐渐稳定，成为曾厝垵"多元共治"的结构体系（图4-17）。

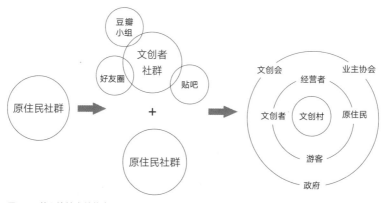

图4-17 曾厝垵社会结构变迁
（图片来源：作者根据文献绘制）

这其中政府的权力分配和适时的公共干预起到了关键作用。权力分配使政府能够为更新提供基础设施服务的同时，还促成协调了业主协会、公议会等社区组织的健康发展，为更新治理的协商共治给予了平台和空间。更重要的是，在市场自由生长之时，政府的监督管理提供了适时干预而防止了市场失控及居民失控的问题，防止市场和居民为了追逐利益而对社区的环境和文化造成破坏。

4.5.3 曾厝垵仍面临的问题

"共同缔造"工作坊的引入，帮助曾厝垵完成了由一个破败渔村向文创村的转变，并为居民和经营者都带来了更多利益。但在更新改造过程中以及社区发展至今，仍旧面临着一些问题和挑战。

4.5.3.1 过度商业化与文创产业冲击的问题

曾厝垵过度商业同质化的问题受到越来越多的关注。缺乏特色的业态经营，小吃、大排档比例提升，连锁店和伴手礼店的增多使曾厝垵的特色性下降。另外，许多文创产业由于收支不平衡，因无力经营而撤出，使曾厝垵的文创产业受到了一定的冲击。大部分居民把房子租给从业者后，搬离并选择更好的居住环境，也是促使曾厝垵渔村文化渐失的一大原因。在对游客的访谈调查中发现，有不少游客认为曾厝垵和其他许多类似的旅游地区大同小异，并不能感受到独有的厦门闽南文化和渔村文化。

4.5.3.2 外来群体的涌入导致社区居民稳定关系的失衡

共同缔造的理念，帮助曾厝垵调节了社区营造过程中居民和经营者等各方的矛盾和需求，但随着商业化的加强，更多经营者和从业者的注入与不断的更替，带来了新的利益冲突，需要持续加以关注与引导。

如果任由商业活动随意增长，是无益于社区发展的，曾厝垵的原住民和新社区人群需要持续性地重建联系，并构建一个稳定的社区居民关系。

4.5.3.3 社区发展的可持续性问题

过去曾厝垵厦门岛整体渔业的萎缩成为社区发展的动力，经过一系列的改造更新后有了全新的面貌，如果不能够维持繁荣的旅游、文创产业，曾厝垵又将变成什么样子？今后曾厝垵需要更加注重可持续发展，不能仅仅满足于成为一个景点，更要让它成为城市文化的输出地，以文化带动发展，通过共同缔造为社区发展提供源源不断的动力。

4.6 曾厝垵片区更新的启示

4.6.1 促进多元主体共同参与

▶ 曾厝垵在"共同缔造"的推动更新下成为多元主体共同参与的一个典型案例。政府、居民、经营者、规划师协同合作开展社区更新治理，政府更多地引导各主体形成相应的自治组织，让其都能够在充分表达自身利益的同时又良好地推动社区更新发展。规划师在参与式规划实践中，扮演了引导者、协商者和组织者的角色。可以说，多元主体的共同参与方式成为社区更新改造的重要手段。

4.6.2 挖掘空间塑造的价值

曾厝垵的更新实践中,自下而上的空间塑造激发了空间价值的提升,也为社区发展注入了新的活力。当居民拥有了空间改造的条件,又看到了空间价值提升后带来的经济效益,他们往往更能通过自身的动手能力和创造能力投入于空间改造,采取艺术介入、文化空间创造、环境美化提升等方式。在空间塑造上还需要重点把控的是与当地文化的结合与呼应,否则往往容易成为整个社区发展中的不和谐因素。

4.6.3 培育社会组织与资本

对自治组织与社会资本的培育是曾厝垵社区更新改造的关键。曾厝垵社区依托原有的渔村文化、闽南文化形成了良好的社会资本基础,能够将社区居民联系在一起,加上自组织的建立,共同缔造模式的更新有效地发挥了社会组织在多元治理中的重要作用。而许多更新地区因为缺少相应的社会资本和社会组织,在自发的更新改造中常常陷入困境。

4.6.4 发挥规划师引导作用

在曾厝垵的更新实践中,规划师充分发挥了其在空间更新与发展中的引导作用,制定的环境改造、空间更新改造在充分的多方参与中能更好地满足人群的需求,提升了方案实施和未来运营的可持续性,而通过规划师的宣传与教育,也提升了社区居民对于更新规划的认识。这种规划实践形式,将规划师的作用充分地发挥了出来,既完成空间更新的规划设计,又实现了协调调动社会的意义。

4.6.5 健全更新制度与补偿奖励

曾厝垵的更新实例向我们展示了自下而上更新模式的优越之处,从制度建设的角度,应该由政府建立好良好的更新机制体系,从宏观角度引导监督社区发展。政府赋予更新各个主体相应的改造权力,建立与居民的沟通联系,培育培养自治组织。通过设立一定的补偿或是奖励制度,可以激发各主体的热情,促进更新进程。

第 5 章　营平片区更新实践

5.1　营平片区概况

5.2　社区更新历程概述

5.3　自主更新的早期实践尝试

5.4　以公共空间为触媒的社区更新

5.5　共同缔造下的社区更新路径

5.6　营平片区更新的启示

与传统政府主导的自上而下的旧城更新不同，通过政府引导的自主更新是一种鼓励居民自下而上的更新，政府通过制定相应政策扶持、加强与居民间的沟通等方式开展，强制性相对较弱。本章聚焦的营平片区更新就是一个典型的政府引导、居民参与自主更新的案例。

5.1 营平片区概况

5.1.1 基本概况

鹭江街道营平片区位于厦门市思明区西南海滨，位于旧城核心区，是厦门岛内保留最完整、历史最悠久的传统街区之一（图5-1）。1920年，营平片区内的开元路作为厦门第一条市政道路推动了城市化进程。随着道路改造及商业发展，在新开辟的开元路、大同路、思明南北路和中山路两侧兴建了骑楼街区，逐渐代替原来的平屋。因此，以"大同路、开元路、大元路"为代表的营平老街区大部分建筑建于20世纪20年代和30年代，既是近代城市建设的起点，也是厦门历史文化的缩影。原汁原味的市井气息、老字号饮食、传统技艺与习俗、闽南特色骑楼街与建筑风貌，这些都奠定了营平片区重要的城市灵魂地位。

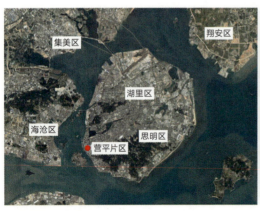

图5-1 营平片区区位示意图

除此以外，这里拥有厦门第一家电话公司、总工会旧址及闽南大厝民居等具有历史价值的建筑，还有目前唯一保留下来、厦门最早的八个市场之———第八菜市场，也是目前厦门最大的海鲜市场。在历史发展进程中，营平片区留下了不同年代、不同特征的建筑群，独具特色的城市肌理以及浓郁的厦门旧城社区生活氛围。

营平片区包括鹭江道社区、大同社区及营平社区，片区内建筑密度极高，占地面积84.93公顷，建筑面积为44.95万平方米，有些地区建筑密度高达87%，容积率达到1.8。片区内土地使用性质以居住结合沿街商业为主，其中居住面积占总用地面积的65.07%，整体空间拥挤。很长一段时间以来，营平片区的公共空间、服务设施已无法满足居民的使用需求，商业服务也无法吸引片区外的旅游消费群体，片区老旧且缺乏活力。

5.1.2 人口概况

营平片区内第八菜市场仍保留着较大面积的传统商业区域，因此人口构成较复杂，较多流动人口由于房租低廉而租住于此，已超过户籍人口的1/2。同时由于片区内低保户也较多，常住居民整体收入偏低。

与许多城市的旧城片区一样，营平片区人口密度很高，片区平均人口密度每平方公里超过3万人，最高的社区超过10万人（表5-1）。片区老龄化显著，常住人口中50岁以上的超过1/2。三个社区年龄构成差异较大，其中大同社区60岁以上的老人占总人口比重最大，达到49.64%；营平社区与鹭江道社区次之，分别为23.70%、21.32%。5岁以下小孩占总人口比重相对较为均衡，其中营平社区较大，为4.13%；鹭江道社区与大同社区次之，分别为2.76%、1.72%（图5-2）。

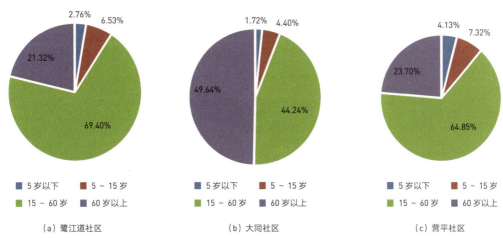

图5-2 片区内各社区人口情况（图片来源：思明区鹭江街道"美丽厦门共同缔造"工作坊成果）

营平片区人口情况　　　　　　　　　　　　　　　　　　　　　　　　　　　　　　　　　　表 5-1

社区	面积（公顷）	总人口（人）	户籍人口（人）	外来人口（人）	人口密度（人/平方千米）
鹭江道社区	50	11013	6957	3312	22026
大同社区	25.6	7832	4830	2159	30594
营平社区	9.33	9863	5575	4288	105713
小计	84.93	28708	17362	9759	33802

5.1.3 产权现状

营平片区与我国其他老城区一样，经历了我国城市土地产权制度和住房管理制度的改革变化，逐渐形成了错综复杂的房屋产权关系。起初，营平片区大部分建筑由华侨出资建造，物业属于私人所有。中华人民共和国成立后，国家出台了私有房产社会主义改造相关政策，其中特别针对厦门等海外华侨集中地区出台《关于对华侨私房进行社会主义改造问题的报告》《关于加快落实华侨私房政策的意见》等政策，营平片区私有产权逐步公有化。至"文化大革命"时期，城市建设管理一度陷入停滞状态，居民自行抢建、加建、扩建的现象十分严重，有相当数量的侨房被接管，并安排给当时的无房户居住，产权情况进一步复杂化。改革开放后，公房的私有化使原本已十分复杂的产权状况更加混乱。目前，营平片区的房屋产权主要包括公房、私房、公私混合和侨房等，布局分散，不同产权相互掺杂且分布无规律（图5-3）。其中公私混合及私房居多，许多业主与实际住户分离，许多建筑年代久远、产权问题难以捋清，成为营平片区更新中最为棘手的问题（图5-3）。

图5-3 营平片区复杂的房屋权属（图片来源：思明区鹭江街道"美丽厦门共同缔造"工作坊成果）

从营平片区不同产权的住房更新难点来看（表5-2），公房与自住型私房由于有单位的统一管理与业主的日常修缮，房屋质量保护较好，且业主的更新动力较强。而出租型私房与公私混合类住房则因管理难度较大，住户普遍缺乏更新动力。同样存在较大更新难度的是侨房类住房、信托房及违章建筑等，由于产权分散或产权不明晰，长期缺乏管理，容易成为社区更新中的硬骨头。

营平片区产权及更新难点分析　　　　　　　　　　　　　　　　　　　　　　　　　　　　表 5-2

类型	具体产权类型	更新改造难点
公房	公房、代管房、自管房、公房代管，自管公房、退改租	公房受厦门公房中心统一管理，私自加建的现象并不突出，政府定期帮助承租户修整房屋，危房较少
私房	私房、自建房	私自搭建情况明显，增容问题普遍，形成"长高长胖"的局面。自住型私房由于业主有改善居住环境的动力，建筑质量较好；出租型私房大多提供给外来从业人员居住，改善动力较弱，建筑质量偏差
公私混合类	同一单元号，具有公、私两种产权属性	公私混合房产权不清，私人产权部分居民寄希望于政府修护，没有修整动力；公房部分则介于整栋施工难度，无法只修整公房部分，最后导致大量公私混合房破败，管理失控
侨房类	侨房、侨房租户、侨退房	侨房建筑风貌相对较高，但多数由于产权过于分散或不明晰，年久失修
其他	信托房、违章建筑等	管理难度较大

5.1.4 物质环境现状

随着社会发展和变迁，作为承载老城记忆和市井生活缩影的营平片区，物质环境老化、功能配套过时，是直接导致片区活力下降的主要因素，由传统产业、居民及建筑与设施共同支撑起的"厦门味"传统生活文化氛围也因此逐渐消逝（图5-4）。

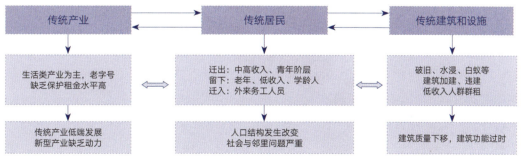

图5-4 营平片区产业、居民、设施存在的问题（图片来源：思明区鹭江街道"美丽厦门共同缔造"工作坊成果）

基础设施方面，营平片区内巷道狭窄，无法满足消防间距需求，存在较大的消防隐患。特别是在农贸市场区域，沿街摊位众多，路段拥挤，通车困难。此外，由于片区市政设施老旧，水电管线老化问题严重，居民私自搭接管线的情况增加了检修的困难。

建筑方面，营平片区内至今仍保留有大量的历史风貌建筑，包括具有闽南特色的骑楼和大厝、洋楼等，成为片区整体风貌的最大亮点。然而，片区老旧建筑及危房较多，整体建筑质量较差，加建与违建严重，部分建筑内部结构破损，部分华侨房由于房屋长期空置无人照料，建筑老化情况严重。片区整体呈现商包住的街区功能格局（图5-5），沿街骑楼发展商业，曾由政府主导进行修缮，但街区内部作为居住空间破败、违规建设难于管理，是造成片区更新难度较大的核心原因之一。

产业方面，营平片区内的商业以提供日常服务的便民商业功能为主，据统计约占66%，其中传统销售类占30%（图5-6、表5-3）。虽然这些传统产业为片区本地居民提供了较大便利（图5-6），但由于受众以中老年人为主，店铺收入有限，伴随着租金上涨，部分店铺难以承受压力，转手率较高，甚至导致一些老字号商铺难以为继。与此同时，缺乏吸引年轻群体的新兴业态和活动空间，也是进一步导致片区活力不足的重要原因。

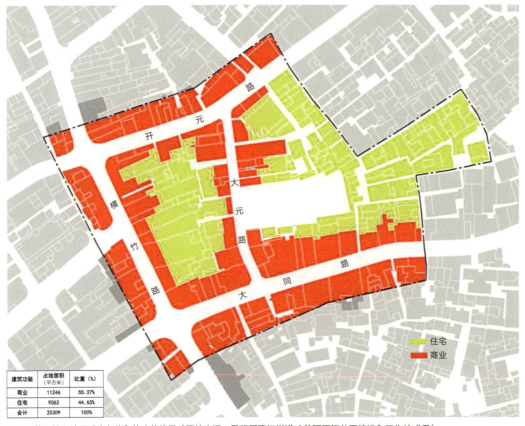

图5-5 营平核心片区"商包住"的功能格局（图片来源：思明区鹭江街道"美丽厦门共同缔造"工作坊成果）

图5-6 营平核心片区商业分布及类型（图片来源：思明区鹭江街道"美丽厦门共同缔造"工作坊成果）

营平核心片区商业经营情况   表5-3

类型	性质	业态	数量	比例	类型	性质	业态	数量	比例
便民服务类	餐饮类	厦门老字号	7	4.00%	传统销售类	休闲娱乐类	酒店宾馆	3	1.71%
		特色小吃	26	14.86%			按摩沐足	5	2.86%
		大排档	18	10.29%			网吧	1	0.57%
		茶艺	3	1.71%			书店	0	0.00%
	生活服务类	士多百货店	17	9.71%		服装家居类	服装店	16	9.14%
		生鲜超市	9	5.14%			家居店	7	4.00%
		便利店	20	11.43%		古玩艺术类	古玩店	10	5.71%
		鲜花店	1	0.57%			佛具店	2	1.14%
		五金店	0	0.00%			首饰店	4	2.29%
		医药店	7	4.00%			广告店	4	2.29%
		美容美发	1	0.57%		小计		52	29.71%
	公共服务类	邮局通信	3	1.71%	其他	装修未营业	不确定	7	4.00%
		社区服务中心	4	2.29%					
	小计		116	66.29%					
总计								175	100.00%

数据来源：思明区鹭江街道"美丽厦门共同缔造"工作坊成果。

5.2
社区更新历程概述

▶ 营平片区2005年被纳入厦门的旧城改造计划，2006年市政府正式提出对其整体改造，在以"拆建"为主导的更新策划中，片区被规划定位为城市金融中心与旧城旅游核心区，除了保留片区7栋核心历史建筑，其他区域拆除并新建十几栋高层建筑。规划的"一心、五片"结构，其中"一心"为沿鹭江道形成的高档金融商务中心，"五片"为文化创意产业区、海鲜美食区、特色旅游产品市场区、老城居住及八市场区、特色休闲与旅馆区。

在过去很长一段时期，征收拆改的模式是我国旧城改造的主要做法，其优势在于通过拆除旧城区的破败建筑，梳理片区道路，完善公共服务设施，利用重新定位及开发等方式快速实现片区环境品质的整体提升。在以"拆建"模式作为营平片区更新的目标下，厦门市政府确定了专门的征收工作小组负责处理征收事宜，思明区负责对片区内的产权状况进行认定研究，制定了包括证据保全、资产评估、登报通告和产权认定等征收办法，这些制度设计在一定程度上能够帮助区政府减少大量交易成本，使项目有据可行。

然而经测算，营平片区更新难度极大，主要有以下三方面原因：首先，片区建筑密度高，"拆建"计划短时间内无法完成，需分期进行，工作周期无法预估。其次，片区人口、产权等情况复杂，很多侨房原业主在国外，房屋几经转手，难以找到合法权属人，也难以找到相关主体协商拆迁补偿事宜，拆迁补偿成本高昂且工作复杂度大。最后，拆迁安置过程中可能导致社会关系破碎、邻里衰落及文脉断裂等一系列社会问题，拆迁工作实施困难，且受到越来越多的质疑。多重因素的叠加作用，造成了营平片区整体推倒重建的更新工作推进缓慢，最终该方案被搁置。

2010年，厦门地铁前期规划提出的一号线规划下穿营平片区，需拆除部分房屋。经过多方研讨，专家学者们一致认为片区的建筑风貌与旧城肌理不应被破坏，最终地铁规划改道，片区得以整体保留。与此同时，"拆建"模式下的更新经系统测算后被认为投入成本太高，收支难以平衡，再加上社会对于旧城社区的关切与舆论压力较大,"拆建"模式下的更新工作被迫终止,政府逐步开始认识到旧城社区作为城市文化资本的重要意义。

直至2013年8月,营平片区的更新重新启动,厦门市政府正式提出不再采用"拆建"模式,而改为采用小规模的自主更新模式,并修订了相关政策进行引导和管理。这一更新机制的转变为营平片区的更新提供了转机,该项目也成为"美丽厦门"战略规划建设的重点项目。

2014年8月,营平片区鹭江街道拆除了已为危房的鹭江影剧院,建设改造为老剧场文化公园,舒适宜人的公园与周边拥挤的旧城空间环境形成了反差,成为营平片区宝贵的公共空间资源。在公园举办的具有地域特色、市井化的活动持续激活片区社会活力,公众逐渐恢复了对旧城社区发展的信心。为了进一步改善提升周边的建筑及业态环境等,营平片区共同缔造工作坊应运而生。同年,中山大学联合华侨大学和厦门大学共同组成团队开展"美丽厦门共同缔造"工作坊工作,对营平旧城社区的产业、建筑风貌、更新路径与制度进行研究。在工作坊的协助推进中,鹭江街道推出以奖代补制度等政策,通过制度设计激励公众开展更新活动并且提供资金奖助,促进居民和商家的自主更新。同时发挥营平片区的文化资源,在街道、家庭综合服务中心、商家、热心人士等共同努力下,持续举办多种特色文化活动,以此增强当地居民归属感。

在短短一年多的时间里,伴随建筑翻新与文化植入,营平片区陆续出现老城咖啡店、以乐剪纸、赖厝埕扁食店等消费文化与地域文化结合的产物。鹭江街道也通过共同缔造工作坊探索出公众参与城市更新的新路径,通过自上而下的制度设计与自下而上的公众参与,在保持原有城市肌理与文脉特色情况下,推动了营平片区持续的有机更新。

5.3
自主更新的早期实践尝试

5.3.1 基于"拆建"模式的经济测算

▶ "拆建"模式下的旧城社区更新一方面能够为城市发展获得空间及经济增长点;另一方面面对复杂的产权,拆迁重建用时短,获利快,可以快速解决旧城社区中环境恶化等社会问题,对政府而言存在较大的吸引力。但在这种模式下征收拆迁是关键一步。

在《国有土地上房屋征收与补偿条例》出台后,为避免营利性

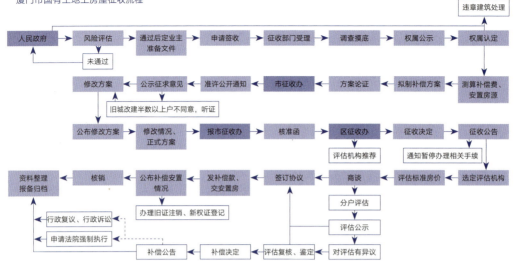

图5-7 厦门市国有土地上房屋征收流程（图片来源：作者根据资料绘制）

质的企业介入，借拆迁牟取经济利益，因而要求拆迁与补偿工作都由政府承担（图5-7）。思明区政府的征收工作涉及多个环节，包括前期调查摸底、权属认定、补偿方案、征收公告、选定及监督评估、商谈、签订协议等，交易成本是征收工作的难点。思明区政府作为营平片区房屋征收的主要负责部门，其征收成本主要包括在工作中由于产权复杂、民事纠纷、居民协商等所付出的交易费用和补偿安置房供给费用。而征收所需的补偿费用包括资金补偿和安置房源两块，前者由厦门市财政支出，思明区政府不需支付征收补偿费；后者由于征收量大，由市政府统一调配，基本上做到思明区部分安置，其余由市属土房局协调于岛外集美区、翔安区提供安置房源。

据统计，2012年在营平片区旧城范围内涉及征收拆迁的建筑面积约44.95万平方米，涉及户数1824户，拆迁量巨大。根据相关文件及当时征收拆迁的惯例，共有两种补偿思路：

（1）就地安置或异地安置。旧城住宅拆迁安置比例为1∶1.7以上，商业及其他比例为1∶1，因此需要约22万平方米的安置房量。而旧城区建筑密度即将突破90%，要实现就地安置，并满足《厦门市城市规划技术管理规定》的建设要求，该区域容积率需达到3～5。若考虑异地安置，营平片区拆迁量占当时所属思明区安置总量的101%。即使将思明区所有安置房用于安置，也仍有缺口。极高的补偿成本，增加了征收工作的难度。

（2）货币安置。在暂不考虑建设期间商业和旅游运营损失、安置奖励、搬迁费用及其他不可见费用的情况下，根据思明区初步评估和摸底调查，各类建筑的拆迁补偿不考虑复杂产权状况下带来的交易成本，以纯经济逻辑计算得出总体征收成本如表5-4所示，将高达近85亿元。

与此同时，对政府的改造收益也进行了测算，主要来自于土地出让金、建成后片区物业出租和税收等。根据土地出让面积，商业、办公、居住等建筑出租价格计算大致土地更新后的收益约不到80亿元（表5-5）。经过收支对比可见，在还未计入社区更新投入的情况下，土地出让的收益仅用于土地征收补偿已无法平衡，而片区建成后政府所持有的物业租金以及税收收入难以预估，因此"拆建"模式的更新只能宣告中止。

2012年营平片区货币安置拆迁补偿费用计算　　　　　　　　　　　　　　　　　　　　表5-4

	住宅	沿街店铺	其他店铺	其他
拆迁量（万平方米）	10.39	1.31	0.8	0.76
单价（万/平方米）	3.6	25	15	3
总价（亿元）	37.40	32.75	12	2.28
合计（亿元）	84.43			

2012年营平片区土地更新后的收益计算　　　　　　　　　　　　　　　　　　　　　　表5-5

	土地出让金		物业租金				税收及其他出售收入
收益				商业	办公	居住	
	出让土地（公顷）	25.42	建筑面积（万平方米）	15	5	15.03	难以预估
	单价（亿/公顷）	3.6	出租价[元/（平方米·日）]	3	5	—	
	合计（亿元）	76.26	年收益（万）	16425	9125	—	
	合计（亿元）	78.812					

5.3.2 理清复杂参与主体

在实际的更新工作中，始终存在着政府、居民、经营者等各方参与者的利益博弈，不同产权背景的居民或经营者都有可能成为社区更新的推动者或阻碍者。人口结构和建筑产权的复杂性，决定了营平片区更新必然从"一元主导"向"多元参与"转型，也意味着需要更长的更新筹划周期，需要不同的参与主体进行共同协调。政府、居民、经营者以及规划团队是主要的参与方，政府鼓励居民自主更新，居民和经营者通过沟通协商参与其中，而规划团队作为第三方的专业介入，帮助解决片区存在的问题，协助推动片区的更新保护。

5.3.2.1 不同职权的管理部门

政府部门是在营平更新中参与最为全面的一方，然而也并非单一主体，由于行政权力体系、职能责任和行政财政体制的不同，决定了政府不同职权管理部门有着不同的责任分工及更新诉求，也会对更新的推动持有不同的态度和观点，但共同追求城市发展的目标是一致的。在营平片区更新中，所涉及的政府职能部门既存在纵向的上下级管理关系，同时

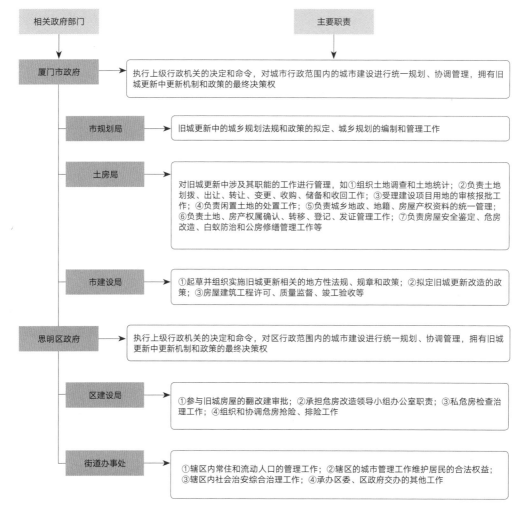

图5-8 相关政府部门及其主要职责

也有横向的行政职能互补关系,包括由厦门市政府、思明区政府统筹带领下的原厦门市规划局、原厦门市国土资源与房产管理局(或厦门市土地开发总公司)、厦门市建设局、厦门市公房管理中心以及思明区建设局和鹭江街道办事处。如图5-8所示,政府决策需要经过上述政府职能部门的多次协调会议才能达成共识,导致更新管理的战线很长,客观导致了行政决策周期长、效率不高的情况。

5.3.2.2 不同产权背景的居民

营平片区居住人口复杂的现状,导致不同产权关系的居民在更新中拥有不同的动机和利益诉求,对政府政策也存在不同的态度。营平的常住居民包括5种类型,即拥有完整产权自住的居民、拥有完整产权出租的居民、拥有不完整产权的居民、商业产权人和承租者。居民由于各自的身份、背景情况不同,对于自主更新也有着不同态度、需求或担忧(表5-6)。因此,明确不同类型居民的具体需求及态度具有重要意义。其中,拥有完整产权的自住居民对营平更新具有较强的积极性，希望通过保护式更新改善其居住生活环境，同时迫切需要增加房屋面积和配套功能；拥有完整产权的出租居民，其对于营平更新最直接的诉求就是经济利益的获取，更高的收益才能够带动他们自主更新的积极性；拥有不完整产权的居民，由于明确产权比例及征得所有产权人的共识难度太大，导致其对自主更新基本无参与积极性；店铺产权人其自主更新的动力在于营平商业氛围的提升和店铺租金的提高，但同时也担心更新的经费投入短时间内难以回本；承租者持有两种不同的态度，居住承租者担心更新会造成租金上涨，而商业承租者具有一定参与自主更新的动力，他们认为更新后更好的商业氛围能带来更大的利润。

人口情况及其对自主更新的态度　　　　　　　　　　　　　　　　　　　　　　　　表 5-6

人口类型	人口描述	对旧城更新的需求态度
拥有完整产权的自住居民	在营平片区内拥有一处房屋的独立产权人且房屋用于自己居住的居民。占总居住人口的21%。他们是营平片区的原住民，由于经济条件普遍较低或对营平有独特的情结，而没有在别处买房，仍居住于此	1. 对营平更新具有较强的积极性，希望通过保护式更新改善其居住生活环境； 2. 由于早期的房屋建设的落后，迫切需要增加房屋面积和配套功能
拥有完整产权的出租居民	在营平片区内拥有一处房屋的独立产权，但产权人本身居住在营平以外的地方，而将营平的房屋租赁给外来人员。占营平总人口数的16%。这类居民多为经济情况较好的本地人或是为了获取政府拆迁款而在营平置业的外地人	对于营平更新最直接的诉求就是经济利益的获取，更高的收益才能够带动他们自主更新的积极性
拥有不完整产权的居民	1. 历史原因遗留下来的无产权房屋居住者； 2. 无法确定房屋产权人的历史性住户； 3. 产权人过世，未办理继承手续的继承人； 4. 因继承而产生的多个产权人，各个产权人所拥有的房屋产权均不完整； 5. 房屋产权人旅居海外，无法联系； 6. 因私自搭建，违章部分无产权的房屋产权人	除第4种情况下的产权人为改善居住条件而具有参与动力外，其他各类中的居民基本无参与积极性
商业产权人	商业店铺的所有人，主要集中在开元路、大元路、大同路的沿街骑楼和八市	1. 其自主更新的动力在于营平商业氛围的提升和店铺租金的提高； 2. 这类人群担忧更新后居民消费能力未有提升，商业氛围也无法提升，即便环境改善，店铺也很难租出去
承租者	承租住房者或承租店面的经营者	1. 居住承租者缺乏动力参与更新，因为担忧营平进行更新改造造成租金上涨； 2. 商业承租者具有一定参与自主更新的动力，他们认为更新后可能带来更好的商业氛围从而获得更大的利润

5.3.3 推动相关制度创新

在国外旧城自下而上的自主更新模式中，政府通过制定相应的政策，扶持鼓励具有旧城更新能力的个人、团体和企业参与到更新中，鼓励居民的自主改造。该机制的政府盈利方式不是依靠土地财政而是依靠税收收入，即政府通过改善基础设施，以更新后增长的商业税收和居民租金所得税实现收益。而原住居民则能够在环境提升中获得物业租金收入的提高。因此，更新模式的转变，同样需要设计新的更新制度及更新路径。

5.3.3.1 更新制度设计的调整

新的制度设计是规范自主更新机制下权利关系的重要依据，也是推进社区更新的关键环节。原厦门市规划局对营平片区自主更新提出了几点原则性的要求：一是鼓励居民积极自主参与改造，并以危旧房的翻改建为突破口，根据具体产权属性和实际情况，研究放开居民申请翻改建的审批渠道；二是划定更新启动区开展方案设计，落实启动区的实施效果；三是原则上片区必须在不增容的情况下，进行更新改造；四是以政府直管公房腾换为尝试，用于创意产业进驻营平片区，以此带动社区活化；五是加紧片区市政基础设施建设；六是明确旧城区翻改建需加设坡屋顶等要求。以上作为营平片区自主更新制度设计落实的主要方向，并在现实中推进。

因此，制度设计上的调整主要包括两部分，一部分是针对不符合实际发展的制度进行调整，如"居改非"政策及"五原"政策；另一部分是针对自主更新下可能产生的新问题的有效引导和规范，如社区自治机制、业态引入机制与准入门槛机制等。在对厦门本岛城市开发强度严格控制的建设原则指导下，思明区在对私有房屋翻改建审批管理规定工作实施细则中明确规定了"五原"原则，即"国有土地私危房翻改建应按原基地、原规模、原层数、原高度、原立面审批"。这样严格而明确的控制审批制度，在一定程度上保护了旧城的原有风貌，有效控制了老城区的容积率。然而这样的审批制度在主张公众参与的新机制下却显得政策限制较大，居民自主出资进行改造，既不能增加建筑面积，也没有太多改善居住环境的突破空间，居民的积极性不高，普遍认为对自主更新的推动没有起到预期效果。

与此同时，由于营平片区的产权情况复杂，审批工作异常繁琐因此为了进一步优化管理，在原厦门市规划局的带领下，各职能管理部门对营平片区自主更新可放宽的政策进行了讨论研究。针对营平片区更新的具体情况，思明区建设局指导制定了《营平片区居民翻改建申请政策研究》，对于营平片区可能出现的翻改建申请人的不同情况制定了相对应的审批制度规定，包括：第一，针对一般私危和非私危房屋翻改建的申请，参照相关政策法规审批；第二，针对共有产权的房屋，若部分产权人无法联系，则由产权人之一申请翻改建，原则上予以同意翻改建审批，但要在翻改建前做好证据保全和登报公告等相关程序；第三，对于无权属用地，由于不存在产权人，为防止产生纠纷，暂不予以审批；第四，对于权属为侨房，产权人已过世且继承人未办理产权继承的，由继承人申请翻改建，并提供证明以证实与产权人的继承关系后，可给予审批；第五，针对侨房中居住有历史性住户的情况，历史性住户无权申请房屋翻改建，建议其与侨房房主自行处理好产权问题，再申请翻改建。

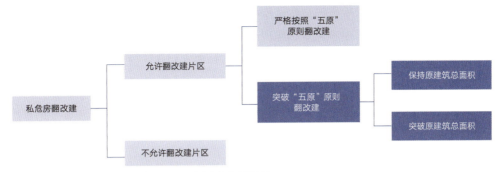

图5-9 突破"五原"原则示意图（图片来源：作者根据资料绘制）

此外，为鼓励居民参与到旧城自主更新中来，重新对"五原"原则的合理性进行评估修定。在《营平片区私有危房翻改建"五原"审批实施细则》（初审稿）中，对突破"五原"原则翻改建进行细化分类，针对片区内三类私房翻改建的需求和相应规定进行深入研讨（图5-9）。

片区内的私房翻改建主要分为三类，一是不可拆除建筑，二是按"原拆原建"翻改建建筑，三是可翻建建筑。对于具有历史价值、不可拆除建筑须提出相应的保护修缮措施，按照"修旧如旧"的原则开展修缮工作。对于按"原拆原建"翻改建的建筑，即允许推倒旧建筑进行重新翻建的建筑，需根据"五原"原则依实际拆建基地现状选择合适的翻改建方式，并制定具体的实施细则。原则上不得改变原建筑风貌和空间格局，以更好地保护老城风貌和城市肌理，同时要求在提高社区安全和环境品质的同时，不得损害周边住户的利益。第三类可翻建建筑为在特殊条件和需求下，可按照规划、体现老城风貌进行翻建的建筑，建筑方案需在社区公示10日，并出具至边界范围邻居的书面同意意见。

在实际实施过程中，居民对于翻改建也提出了诸如突破"原基地"翻建、突破"原高度"翻建等需求，由于基地面积分为产权宗地和建筑基底两个部分，有的居民拥有的私房基地面积除了建筑物外，还包括庭院、埕地等基地面积，因此在翻建行为中存在着突破"原基地"面积进行翻建的情况。有的业主为改善建筑布局和功能，提出在原宗地范围内，对建筑基地范围进行调整，针对这一翻改建需求，相关部门制定的具体实施细则为：①翻改建后建筑基底面积不得超过原面积；②若原建筑符合消防间距的，翻改建后也必须符合；③翻改建后不得恶化周边住户的日照。对于需要突破"原高度"进行的翻建需求普遍是由于部分私危房存在底层建筑层高较高，其他层层高较低的情况，居民要求调整层高。其实施细则为：翻改建后住宅建筑层高不得小于2.8米，不得大于3.2米，但建筑总高度不得超过原高度。因防洪防潮需要垫高建筑基底的，室内外高差不宜大于0.45米。除此以外，政府对于片区私房改造还制定了鼓励平改坡的配套政策，规定翻改建后的建筑必须采用坡屋顶形式，屋顶坡度控制在18°～30°，屋顶色彩采用赭石红色，保护和延续片区的风貌特色。坡屋顶的板顶下表面与楼板的净高小于2.1米的不计建筑面积。

除此以外，政府也制定了相应的资金补助政策以鼓励居民自主更新。一方面是补助居民进行风貌建筑的自主改造。由于风貌建筑改造技术要求较高，其改造费用相比一般建筑也较高。另一方面是制定设计与建设代理机制并对设计费用和代建费用进行资金补助。私房户主往往缺乏改造设计和施工的能力，这将导致改建进程缓慢或改建成果不理想，无法通过严格的审查要求。因此政府部门会向自主改建的户主推荐或指定若干符合资质的设计机构和建筑施工企业，由专业的团队协助完成翻改建，更好地保护片区的整体风貌。

5.3.3.2 更新工作路径的调整

为了推动营平旧城社区的自主更新，鼓励公众参与，政府在更新工作路径上做了不少调整。2013年8月至10月，由鹭江街道组织各职能部门与居民开展了多次交流座谈会，引导居民了解并逐步接纳新的更新模式。座谈会的与会单位包括了更新涉及的各职能管理部门，如原厦门市规划局、思明区政府、思明区建设局、厦门市公房管理中心及思明区鹭江街道办事处，由分管负责人参加并进行实地调研，了解居民在自主更新中遇到的问题。这一方式有效地拉近了政府与居民的距离，一定程度上也传达出政府转变更新机制的决心。2014年5月，政府开始尝试通过媒体手段引导居民参与到更新中。例如，鹭江街道联合《厦门日报》举办探秘鹭江老街活动，组织居民通过挖掘营平老城区的历史故事与生活记忆，唤起居民对于居住地的归属感，激发参与更新的能动性。

在营平更新中，还较早地提出了"社区规划师"这一概念。若干社区"能人"型居民与专业规划师一起组成社区规划师团队，由专业规划师向其进行宣传和培育，给予咨询服务，并收集和整理社区居民改造意见反馈给相关部门，引导社区更新改造。根据规定，社区规划师的具体职责包括：①解读营平片区的相关规划和政策思路，并将规划内容传达给居民，帮助社区居民更好地了解社区规划；②通过宣传片区的历史文化和社区更新改造的社会价值，建立居民的价值观，提升居民自主更新改造的积极性；③为居民自主改造提供相关的规划设计、施工等技术咨询服务，收集和整理片区居民所遇到的改造问题，及时给予解决和反馈，协助居民完成自主更新；④帮助建立社区各种自治组织，对居民自治组织和运行规则的完善提出建议，还可以对社区骨干、自治组织成员进行培训，以提升其自主更新思维和能力；⑤在社区更新治理过程中寻找对社区熟悉、具有一定专长并热心公益的社区居民，培训提升他们的能力。

5.3.4 居住片区更新的实施难点

为了推动营平片区的自主更新，各级政府职能部门进行了多种制度创新的尝试，但在实施中碰到了不少困难，主要集中在职能部门的责权细分带来的实施主体不明确，以及在面对新的更新模式下，部分职能部门和居民对新制度的解读和落实存在一定的担忧，这也成为自主更新实施的障碍。

5.3.4.1 公房腾换活化存在困境

公房是旧城社区活化中重要的政府启动资源，营平片区内包含28%的公房亟待利用，如果这部分存量空间能够充分被活化释放，无论是对历史风貌建筑的修缮保护，或是对现代城市功能的植入而言，都非常有利。这笔宝贵的资产能否被积极地利用起来，直接关系到政府能否在旧城复兴中充分助力。然而对大部分城市而言，这并非容易，厦门亦如此。其中最大瓶颈来自于公房的管理权、运营权分属于不同的政府职能部门，在碰到诸如公房腾退及危房修缮等更新的"硬骨头"时，职能部门的责权分工不明确造成推进难上加难。

厦门的公房管理权属于公房管理中心，然而该中心只拥有公房管理权而不具备对公房进行活化经营的权利，主要的工作难点在于公房移交与危房修缮。若要以公房作为自主更新的启动点，则在进行公房活化经营之前，需要经过包括公房承租户的安置及腾退、危房修缮以及公房管理权移交等一系列政府流程。在政策建设方面，需要制定适宜的安置政策、管理政策以及活化运营政策等；在社区治理方面，需要组织公房承租户进行腾退，大部分的承租户都是低收入群体，协商难度较大；在财政投入方面，需要建设安置社区、对危房进行修缮整修及运营管理等。流程中的每一项都需要突破既有的更新机制和职能管理流程，因此十分艰难。在更新之初，各职能部门就对更新机制进行过探索，具有公房运营经验的区政府在公房活化中扮演了主要角色。2014年底，思明区下属国企思明区旧城改造公司（下文简称旧改公司）成为营平片区公房的业主方，然而复杂的腾换工作，因在区级政府层面难以独立完成，而寄希望于市级层面进行协调解决。与此同时，旧改公司还需面对危房修缮的问题，申请修缮资金及协调修缮等相关工作都有着较大的工作压力，公房也因此一直难以得到充分的活化利用。

5.3.4.2 职能部门行政成本增加

营平片区的自主更新作为厦门社区更新的一次突破性尝试，部分职能部门面对新的自主更新模式，主要存在以下几点担忧：①若无法满足居民需求该如何解决；②政府部门是否要承担居民自主更新的费用，增大的财政压力由哪个部门来承担；③产权复杂的房屋可能会产生民事纠纷；④一些安全隐患较大的房屋多居住着老年人或经济能力有限的弱势群体，动员其参与的难度较大；⑤自主更新模式将会给政府部门增加巨大的协调工作量；⑥可能因为利益协调不均造成政府与居民的矛盾。

政府内部对于更新机制存在的迟疑将直接影响到更新的开展。以思明区政府为例，由于其认为自主更新模式相比拆建模式会增加相应的行政成本，且未来的收益也无法预估，因而对自主更新缺乏动力。在旧的"拆建"模式下，尽管政府也需要面对调查及协商等大量的征收拆迁工作，但一次性的征收拆迁相对更新路径更为清晰，政府有较大的动力去执行。改为自主更新之后，工作周期增长，期间随之而来的资金问题、治安管理问题、居民诉求问题以及公房的落实管理问题等都在各方面加大了区政府的工作难度，再加上难以预计的收益，使得工作落实困难（表5-7）。

区政府责权、出资及态度对比　　　　　　　　　　　　　　　　　　　　　　　　　　　　　　表 5-7

更新形式	责权	出资情况	态度
拆建更新	征收拆迁涉及的调查、协商、谈判等具体拆迁工作	付出改造期间的交易成本	区政府有较大的动力和经济利益
自主更新	1. 承担涉及片区启动试点项目的资金； 2. 区政府需要解决因居民大量选择自行加建随之带来的各种民事纠纷； 3. 负责片区环境问题、治安问题、危房的公共安全问题； 4. 负责腾退公房承租户与安置	成本增加，包括： 1. 部分改造资金； 2. 改造压力的加剧导致行政成本增加； 3. 片区危房安全隐患及治安管理压力； 4. 公房腾换便于后期用于开发经营等	区政府认为自主更新将会带来成本增加，而未来收益却无法预估，故仅配合执行市政府的决议，负责几个启动片区的项目推进，对自主改造并没有太大动力

相反，思明区建设局和鹭江街道办事处位于推进社区更新工作的一线，作为最了解拆建的负面性的部门，对居民参与的自主更新表现出了较积极的态度，表示愿意改善审批渠道以方便居民申请。然而，在实际产权的认定及调整"五原"改建原则中，却因为各种复杂问题难以对建筑情况进行客观评价，出现许多翻改建方案的审批要上报市规划局的情况，不同程度地增加了区建设局审批工作的流程和难度。最终，由于行政成本的大大增加，区建设局的参与显得心有余而力不足（表5-8）。

区建设局责权、出资及态度对比　　　　　　　　　　　　　　　　　　　　　　　　　　　表 5-8

更新形式	责权	出资情况	态度
拆建更新	制定翻改建审批制度，避免居民乘机增加建筑面积，以获得更高征收拆迁补偿	一刀切的制度设计减轻了区建设局的行政成本	支持
自主更新	为居民自主改造提供便利的审批通道，鼓励居民自主改造，同时要严控居民在翻改建时增加住房面积	行政成本增加	由于居民改造诉求不同、房屋产权情况复杂等问题增加了区建设局工作的流程和难度，持中立态度

5.3.4.3 不同产权居民态度各异

由于公众参与的社区自主更新模式在国内当时较少实践，因此居民们普遍存在不同程度的担忧，包括：①能否真正有效地考虑公众意见，是否只是形式上的参与；②自主更新模式能否持续；③政府的政策是否具有不确定性。在更新中，营平居民可分为三类，试探型、观望型和不作为型。这三类居民因为有着不同的房屋产权情况，对于自主更新有着不同的态度和作为（表5-9）。试探型居民包括一部分拥有完整产权用于出租或自住的居民，或一部分虽然拥有不完整产权，但有较强的改造需求并具有一定冒险精神的居民，在政府的引导下尝试进行"谈判"。观望型居民包括一部分拥有完整产权用于出租或自住的居民、和一部分商业产权人，这类人群所占数量比例较大，虽然具有一定经济实力参与自主更新，但由于不确定政府的扶持力度而不愿意做"试验者"，抱着观望的态度迟迟不愿行动。不作为型居民一般存在两种情况，一是空巢老年人，二是对自主更新不抱希望的居民，这类人群由于其自身更新能力不足，表现为面对政府号召的不作为。

居民更新态度对比　　　　　　　　　　　　　　　　　　　　　　　　　　　　　　　　　　表5-9

居民类型	产权类型描述	更新态度
试探型	包括一部分拥有完整产权出租或自住的居民和一部分拥有不完整产权的居民	这类人群具有一定的冒险精神，在政府的引导下开始尝试与政府进行"谈判"
观望型	包括一部分拥有完整产权出租或自住的居民和一部分商业产权人	该类人群相对占比较大，具有一定经济实力参与自主更新，但由于不确定政府的扶持力度而不愿意做"试验者"，抱着观望的态度迟迟不行动
不作为型	这类居民一般存在两种情况，一是由于儿女不在身边而没有能力进行更新的老年人，二是对自主更新不抱希望的居民	这类居民由于其自身更新能力不足，表现为面对政府号召的不作为

新的自主更新模式使原本希望通过拆迁获利的居民无法接受，但政府通过座谈会、社区宣传等方式，向公众进行了参与普及。因为拆迁难度大，这类人群也逐渐接受了新的更新模式，转而开始考虑能否通过自主更新获利。综上分析，在营平片区中，居住片区的自主更新虽然进行了新的制度设计，调整了更新的工作路径，然而整体更新的实施难点较多，需要逐一克服。

5.3.5 市场片区更新的治理经验

营平片区中的厦门第八市场最早建于1933年，位于营平路和开禾路交叉处南侧的一座建筑内。之后市场逐步拓展到了建筑外的营平路上，形成了如今的营平农贸市场并带动了邻近开禾路的人气，使之变成了热闹的鱼市，也就是现在的开禾市场，几十年来本地居民仍习惯称其为"八市"。开禾市场占地面积约800平方米，经营商家213位，覆盖街道总长度480米，是目前厦门规模最大的露天海鲜市场，也是厦门老八市的延续，一直以来被看作是老厦门的缩影。

20世纪80年代，开禾市场是商贩自发聚集形成的商业空间，发展初期管理较松散。到20世纪90年代，开禾市场中的店铺集中由厦门市夏商集团统一管理。在随后的"农改超"浪潮中，开禾市场由于是老厦门人日常生活的重要记忆而得以保留。2014年5月，开禾市场的管理权限由厦商集团变更为鹭江街道办。同年7月，开禾市场自发形成的商家自组织，让开禾市场更加年轻有活力，在保有自身特色的同时，适应现代生活需求，吸引了众多游客。

5.3.5.1 开禾市场更新前的问题

（1）场地和设施的限制导致空间拥挤

开禾市场中的建筑及所在街道建设年代均较为久远，骑楼的商住楼模式的限制使商户多占道经营，有些甚至还把骑楼的柱间填上填充墙，以增加其店面的进深，大大降低了整体街道的流畅性，导致街道商业空间环境品质不高、秩序感不强。而在露天的市场，摊贩和商家的雨棚参差不齐，影响了市场的面貌。路面上机动车、非机动车和行人三者交汇，再加上缺乏停车设施，交通混乱。由于市场没有统一的垃圾收集和处理设施，仅靠少量的人力垃圾收集，处理效率低下。另外，沿街缺乏绿化、休息设施以及交通缓冲带，八市原环境整体杂乱无序。

（2）权属、租赁关系混乱导致缺乏管理

开禾市场经营户多，零散商贩素质参差不齐，造成八市的经营和服务缺乏规范。由于开禾市场商铺权属关系和经营者背景较为复杂，有的铺位出现多房东现象，导致租赁关系混乱，租赁价格也参差不齐，要进行统一管理与协调的难度很大。而工商部门和街道办的管理工作力度有限，通常只能暂时解决如占道经营、牌照证件等问题。有的商家由于摊位租金高，不得不通过占道经营来扩大经营面积，或采取缺斤少两、以次充好的经营手段获利，进一步加大了管理的难度。

5.3.5.2 商家自治组织的建立

街道办和工商部门的共管模式已不能满足发展的需要，因此，开禾市场摸索出了一条行之有效的管理之道——组建商家自治小组，通过商家自行选举代表组成"商家自治小组"和"协调委员会"，对市场环境、形象建设等方面进行约束和管理，加强对市场的自治管理。

由于开禾市场环境、经营、管理等一系列问题愈演愈烈，商家的纠纷不断，导致市民对市场的评价也日益降低，通过自治小组进行自我监管为市场的正规化提出了有效途径。

组建的商家自治组织由政府牵头，在213位商家中选举出6位模范商家和24位优秀商家代表，其中17位组成商家自制小组（图5-10）。

在日常工作中，商家自治小组主要负责完善管理机制、意见反馈、协调整改不规范行为、维护市场治安等工作（图5-11），人民调解委员会则负责调解纠纷、法制宣传、反映民生、弘扬美德等工作。这两个组织在

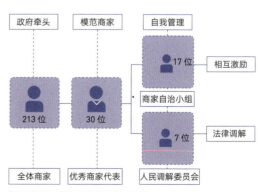

图5-10 开禾市场自治组织人员构成

工作中互相协调配合，积极协助街道办管理，使得开禾市场的管理工作进展较以往顺利许多。

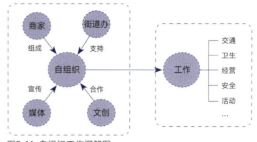

图5-11 自组织工作概解图

5.3.5.3 自组织发展的政策支持

对于市场的自主更新，政府了提供从组织管理、规划管理、公共服务以及法规等政策支持，鼓励协助自组织的建立，形成区级政府机构、物业管理机构及经营者协会等部门的共同管理。为更好地引导市场的发展，政府制定了一系列产业导向目录，与经营者协会共同建立产业准入门槛，引导商业经营，在物业的管理协助下，规范市场经营行为，保护片区商业的特色性，同时延续旧城文化，不损害旧城风貌。政府还建立了组织管理、规划管理、市场管理、产业管理、物业管理和安全管理等方面的法规政策，吸引了更多具有更新能力和自主改造积极性的个人、团体及企业在扶持鼓励下参与到旧城更新中来。

此外，政府还以"住改商"的配套政策设计放开经营审批权限，协助经营者的经营活动合法化，使新驻商家提升了社区认同感（图5-12）。所谓"住改商"就是将建筑的住宅用途改变为商业用途，在老城整治提升中，这种现象非常普遍。但因"住改商"对周边用地及设施使用造成了一定的负外部性，如停车位、垃圾增加等，由片区自治组织与用地或设施利益主体协商的方式予以解决，探索以集资、收费及投入成本分担等方式解决，落实"住改商"的业主责任。

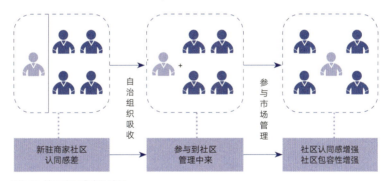

图5-12 社区认同感建设过程

5.3.5.4 自治组织对市场的影响

自从有了商家自治组织，开禾市场的各方面情况都有所改善，主要体现在环境和行为活动两个方面。

（1）环境影响

商家自治组织对市场环境的影响，表现在一是对空间环境的影响，二是对经营环境的影响。

空间环境的改善主要体现在交通和卫生两个方面。首先，自治组织与社区一起通过增加道路宽度、限制车辆通行、增加自行车停靠点等方式对市场的交通环境进行了整治和管理，缓解了交通拥堵现象并减轻了交通压力。其次，通过分片区治理，对市场卫生状况的改善起到了很好的带头和监督作用。

在经营环境方面，自治组织主要在纠纷调解、销售方式的引导升级以及市场的安全维护方面提出了相关措施。通过对开禾市场调解委员会以及鹭江街道的工作记录的统计汇总，发现自治组织在整个鹭江街道所解决的纠纷事件中承担了较大比重。自治小组和调委会主要采取深度沟通的方式解决商家与消费者之间、商家与商家之间等的矛盾。自

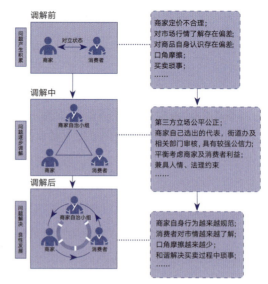

图5-13 自治组织调解纠纷过程示意图

治组织成员均来自商家，能从商家的角度思考和理解问题，采用商家更能接受的方式来解决矛盾，相互间的人情关系也可以使问题解决更为柔和（图5-13）。

经过自治组织的调解，开禾市场纠纷数量下降，市场的经营环境得到了有效的改善。另一方面，自治组织对商家的销售方式升级也有所引导，如进行网店营销和对海鲜加工等实体店进行升级等。这体现出自治组织在市场经营环境改善中起到的积极作用。

（2）行为活动影响

除了日常管理、协调工作，商家自治组织还组织了诸如旧物交换、海鲜知识宣讲和微信平台菜价推送活动等，吸引了不同人群的积极参与，如商家、居民、买菜者、游客以及管理者，并在其中起到了很好的动员、组织、宣传和协调等作用。通过活动的举办，开禾市场吸引了更多的人群，活动极大地促进了社区情感纽带的建立，也增强了社区各类人群的归属感和认同感。

5.4
以公共空间为触媒的社区更新

▶ 公共空间是城市功能的重要载体，也是城市历史与文化的表达，而社区的公共空间是邻里交往的重要活动场所，能够切实反映

旧城社区的人居环境。当前城市化的快速发展使社区的邻里关系不断受到冲击，邻里关系逐渐淡薄，有效增加老城的公共空间资源可以促进居民间的日常交往、开展邻里活动及凝聚社会网络。营平片区的社区更新实践选择从改造旧城最缺乏的公共空间切入，从将鹭江影剧院改造为剧场公园着手推进社区更新。

老剧场文化公园位于营平片区大元路（图5-14），其旧址是原名为"金城戏院"的鹭江影剧院，始建于1942年，以演出歌仔戏、高甲戏等地方戏为主，曾是厦门旧城文化生活的重要场所，见证了旧城曾经的繁华和变迁。2013年，鹭江影剧院由于年久失修被鉴定为危房，厦门市土地开发总公司对总建筑面积达到2600平方米、占地1600平方米的剧场建筑进行了拆除和收储。收储后原剧场前的广场一度成为周边居民的停车场。2014年，鉴于居民普遍反映原鹭江剧场成为停车场后造成环境脏乱差，提出改建成便民活动场所及公共安全疏散场地以改善老城公共活动空间匮乏的建议，政府部门与社区居民共同商讨作出决定，旧城拆迁腾出来的土地，要尽可能还给百姓，将原鹭江影剧院地块无偿交由思明区建设老年人活动中心。随后由鹭江街道进行规划意见和方案的征集工作，最后项目改造定位于建设开放型的"老剧场文化公园"，以"居民可用、文化可传、简洁不简单"的原则开展公园的更新营造。

设计营造形成的社区公园成为集体记忆的场所，对老城社区更新起到了极大的触媒作用，为拥挤的旧城带来了清新的气息（图5-15）。社区公园延续了老影剧院的场所设计，以电影文化记忆作为主题，因此居民亲切地将其取名为"老剧场"文化公园。公园的空间设计很好地做到了将地域文化与以人为本的公共属性相结合。轻松舒适的氛围和丰富趣味的功能设计，激发出旧城老年居民交流的欲望，提高了居民对公共空间的使用频率，促进了以家庭为单位的活动。

与此同时，老剧场文化公园也带动了营平旧城片区的整体复兴。周边紧邻的开禾市场和大元路遍布着许多厦门传统风味"老字号"和手工艺店，依托文化公园为旧城片区带来的新人气和新活力，丰富的旧城传统文化和产业资源也得以保留和升级。而定期开展社区居民文化活动也增进了邻里间非正式的联系，浓厚的生活氛围逐渐凝聚起片区的场所精神。随着营平片区知名度的不断提高，老剧场文化公园成为象征居民地域认同的新地标。

图5-14 老剧场文化公园片区肌理（图片来源：黄耀福，2016年）

图5-15 老剧场文化公园照片

5.4.1 日常生活的叙事性场所营建

老剧场文化公园的建设为营平密集的旧城打开了一个"透气孔",激发了营平片区的活力。鹭江影剧院改造是将历史空间转变成叙事空间,借助符号留下故事和文化。将剧场记忆整合到广场及小品设计中,是对前身影剧院内涵的延续,不同的空间和景观再现了旧城历史,丰富了公园的文化内涵与象征意义(图5-16)。

图5-16 老剧场文化公园设计意向图(图片来源:思明区鹭江街道"美丽厦门共同缔造"工作坊成果)

在空间布局上,剧场公园尽量减少构筑物,最大限度地留出广场空间。公园分为入口区、开放活动区和主景区,体现了居民进入剧场、在剧场内观影以及电影散场的人流通道的历史记忆。在公园树下布置若干老电影院样式的休闲座椅,将花坛边缘设计为可看可坐的石台,既模拟了从前人们观看电影的感觉,也切实增加了活动停留空间。

在小品设计上,公园的入口雕塑以"放映电影的人"为设计意向,以旧剧照和电影海报装饰的文化展示墙如同一卷展开的电影胶片,体现出浓厚的历史氛围。公园内保留了一处戏台,定期为居民播放老电影,邀请戏曲团队演唱歌仔戏传统曲目,浓浓的老厦门味道勾起居民对往日生活的回忆。公园一角收集的旧木门板被砌成的景观,废弃的木梁柱也被做成雕像,这些老物件让居民倍感亲切,体现出传统文化与公共空间结合所焕发的魅力。

在功能布置上,公园的广场上设置了茶座、座椅、健身区,供居民使用(图5-17)。为了满足居民更多的日常休闲活动需求,公园还将两侧的可用建筑收储,改造成老人活动场所,以工作坊、博物馆等形式引入民间老艺人、文创青年等,提升社区业

图5-17 老剧场文化公园的功能布置(图片来源:黄耀福,2016年)

态，也为营平片区居民提供了日常休闲的好去处，促进了不同人群的交往。

改造后的老剧场文化公园既是承载厦门历史、展现市井生活的"街区博物馆"，也是新旧融合、开放包容的街区中心，更是激发营平社区生活文化的"活化点"。老人们喜欢带着儿童到公园游乐，一边喝茶一边看着孩子们嬉笑打闹。许多年轻人喜欢在此拍照留影，公园成为本地人与外地人和谐相处的场所，为社区的社会交往打开了一扇门，也促使更多的年轻人了解社区、回到社区。

5.4.2 基于社区自组织的活动营造

与老剧场公园的建设同步，2014年6月，针对片区老龄化严重、弱势群体数量多等问题，鹭江街道以向社工组织购买服务的方式启动了家庭综合服务中心（简称"家综中心"）的建设。片区以老年人、小孩居多，活动交流空间与机会少，该中心旨在充分发挥剧场文化公园的空间和家综室内活动场所的作用，进一步激发社区活力。

家综中心联合片区内的吉治百货店铺、旧物时光店铺和阿吉仔饼店，从2015年3月开始，以老剧场文化公园为载体策划了兼具公益性和趣味性的"早市"活动。"早市"原是居民日常购买东西的市场，市井味浓厚，具有浓厚的地方特色。为了促进人群之间的交流，提升社区活力，重新设计还原了"早市"这一活动，为居民提供不同主题的各类活动（表5-10）。"早市"活动从本地文化特色出发，联合了营平片区的商家、居民、社工机构、社区居委会及街道共同参与，再现营平片区老厦门市民们从前的生活场景。活动每2~3个星期在片区举办一次，单在2015年就举办了18期（图5-18）。在早市活动中重新凝聚了社区认同的共同体，通过参与式活动联系起旧城因为人口流动而破碎的关系网络，增强了地方文化特性。

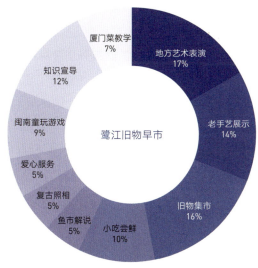

图5-18 2015年度鹭江旧物早市活动内容

近年来，老剧场公园在政府相关部门、民间组织和热心居民的共同协商下制定了活动年历，利用营平旧城现有的老剧场文化公园、室内活动场所开展社区文化活动，至今已经成功举办了不下百场的文化活动，有诸如摄影展、创意集市等新鲜活动，也有南音、歌仔戏、猜灯谜等极具闽南传统文化的活动。通过丰富的社区居民生活，营平地域文化得以传承和发展，更提升了居民参与旧城更新的热情。

部分鹭江旧物早市活动信息　　　　　　　　　　　　　　　　　　　　　　　表 5-10

期数	主题	活动内容
第2期 （2015年3月15日）	鱼市学堂	1. 鱼市解说：解说厦门鱼类相关知识，教民众识鱼、认鱼、辨鱼； 2. 海鲜烹饪品尝：海鲜排档师傅现场烹饪并请民众品尝； 3. 特色海鲜拍卖：选取时令鱼类现场拍卖，让民众参与互动； 4. 八市小吃尝鲜：选取八市特色知名小吃，让民众品尝地道口味
第6期 （2015年5月10日）	给妈妈的礼物	1. 旧物集市：提供旧物交换、售卖平台； 2. 爱心义卖：爱心手工制品义卖； 3. 小吃品尝：选取厦门传统小吃，让民众品尝地道口味； 4. 亲子照相馆：用拍立得相机为母子（女）拍照，并赠送伴手礼及鲜花； 5. 母亲节手作展卖区：特色手作坊

5.5
共同缔造下的社区更新路径

▶　　老剧场文化公园的营造拉开了营平片区实质性的更新序幕，"共同缔造工作坊"的组织则进一步释放了剧场公园对城市更新的触媒作用。为了更好推动营平片区的社区更新，鹭江街道于2015年7月，基于"美丽厦门共同缔造"的思路，搭建了鹭江片区"共同缔造工作坊"平台，团队成员包括中山大学、厦门大学、华侨大学等院校代表及居民、商家等公众代表。以政府牵头、高校引导实施和居民参与的方式，针对文化公园周边片区的发展制定相关制度设计和改造方案，形成旧城有机更新可推广的模式。工作坊的主要任务是激发片区活力，积极动员居民参与社区有机更新过程，引导公众以多样化方式参与到规划多个环节，联系居民、商家和社会组织等不同主体协商讨论，制定符合多方愿景的规划方案，探寻推进社区可持续发展的方法与策略，从而促进营平旧城社区的有机发展。工作内容具体包括调研、访谈和多方讨论，基于营平片区的历史、人文、业态等资源进行更新定位，确定片区渐进式更新改造方案，如产业提升计划、风貌引导计划及以奖代补计划等。图5-19为工作坊的工作路径。

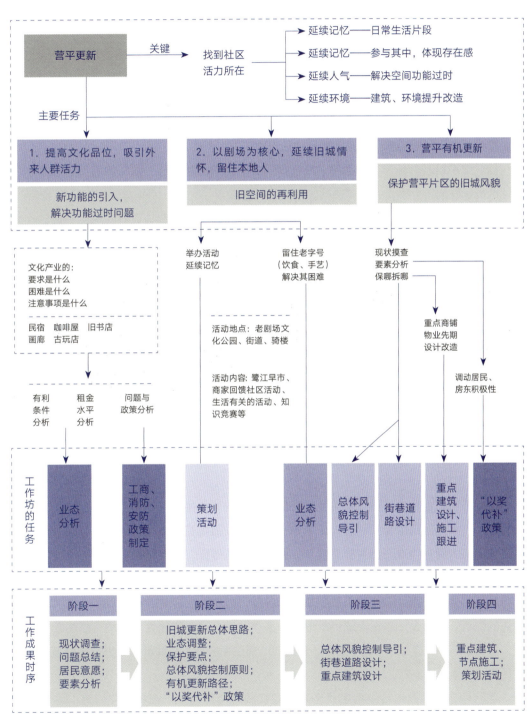

图5-19 工作坊的工作路径（图片来源：思明区鹭江街道"美丽厦门共同缔造"工作坊成果）

第5章 营平片区更新实践

5.5.1 深度调研确定更新定位

通过工作坊多次讨论协调，针对片区中存在的问题和居民的诉求，多方一致认为营平片区应该选择走一条以文化为导向的渐进式城市更新路径。即通过特色"点"改造，实现"以点带面、以线覆面"的改造更新模式，再逐步扩大改造范围，最终带动整个片区复兴活力。具体更新思路与定位是：①打造具有老厦门味道、安居乐业的混合社区。②打造承载厦门历史、展现市井生活的"街区博物馆"。③打造新旧交融、富有生活情调、开放包容的历史文化街区。在充分掌握片区资源的基础上，工作坊提出了产业提升、组织培育、以奖代补等多项行动计划：

（1）产业提升计划。对商业店面进行修复，提升片区内的老字号品牌的发展，适当引入如青年旅社、咖啡店等新产业，提升片区产业活力。

（2）组织培育计划。调动居民、社区基层自治组织的能动性，依托家庭综合服务中心及社区商家联盟协会等，共同解决社区内的居民诉求。

（3）以奖代补行动计划。通过政府多元的财政支持，给予参与更新的居民一定的优惠政策和补贴，激发居民自主更新的动力和欲望，推动社区自主更新。

图5-20 工作坊进行调研、访谈（图片来源：思明区鹭江街道"美丽厦门共同缔造"工作坊成果）

5.5.2 "益生菌"点式激活更新

老剧场文化公园的建设对营平片区发挥了极大的"益生菌"作用，以老剧场这个发酵处为原点，唤醒居民的乡愁，让人们看到了旧城的发展前景和重要性。所谓"益生菌"点式激活更新，就是找准更新中的关键点，协助其改造提升，以点带线、以线带面地逐步带动整个片区的自我更新。改造后的老剧场文化公园焕然一新，但周边仍陈旧、简陋，为了改善片区的整体环境，工作坊采取了文化导向的"益生菌"点式的城市更新模式，对公园周边的建筑、环境及业态逐点逐步推进了一系列改造。通过策略性地选取"益生菌"改造点，对城市局部"微生态"进行更新，再通过"益生菌效应"在城市内部进行发酵与扩散，实现有机更新（图5-21）。

老剧场文化公园内传统特色业态与关键视线节点的建筑、街巷及空间等，均可作为"益生菌"点，公园周边产权清晰或易于解决、已被政府收储的可用楼房是首选。通过渐进

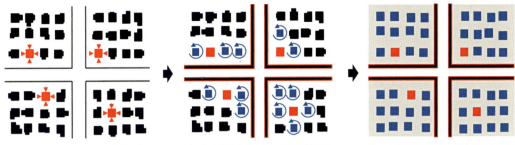

(a) 找准益生菌，协助改造，业态提升，发挥效应

(b) 在益生菌效应下，周边建筑在以奖代补政策、片区风貌引导下，开始自我更新，街区活力焕发

(c) 片区城市更新，带动整个片区活力再生

图5-21 益生菌发展模式示意图（图片来源：思明区鹭江街道"美丽厦门共同缔造"工作坊成果）

式改造，带动周边建筑立面的整治提升、传统产业的改造升级、低质业态的转型升级及文创产业的引入，使片区焕发更大的活力。

5.5.3 文创植入推动产业复兴

5.5.3.1 传统低端业态的升级

随着店铺空间破败、老居民离开，营平片区的传统业态逐渐衰败，难以带动消费，与公园已逐步营造出的人气氛围形成了明显的反差。因此工作坊提出，在产业提升计划上首先重新梳理片区业态，整治提升周边传统店铺的物质环境，提升其吸引力与持续的发展力，同时充分利用骑楼街区特色，引入新的休闲创意产业，吸引更多的外来游客（图5-22）。

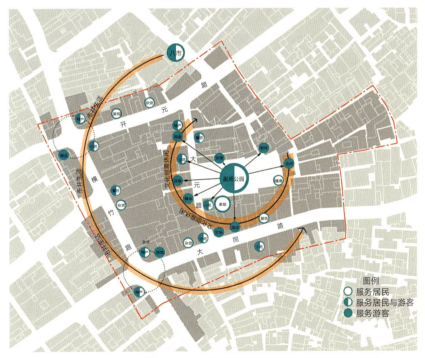

图5-22 产业提升策略示意图（图片来源：思明区鹭江街道"美丽厦门共同缔造"工作坊成果）

工作坊制定了相应的产业提升策略，包括：

（1）以民宿为核心，引入咖啡、精品店等文创产业，通过剧场公园带动周边片区传统产业更新，营造文化休闲氛围。

（2）发挥八市的市井文化氛围，强化地方特色产业，如老字号、特色小吃等，同时沿开元路、横竹路、大同路等为片区居民、厦门本地居民及游客等提供日常生活服务。

片区产业布局思路为：大元路以民宿、休闲饮品、文创精品、老字号等为主；大同路以零售服务为主；横竹路以零售服务、文创精品为主；开元路以零售服务、休闲饮品为主，同时兼顾本地居民与外来游客的业态需求（图5-23）。

图5-23 产业提升布局示意图（图片来源：思明区鹭江街道"美丽厦门共同缔造"工作坊成果）

产业提升计划实施后，营平片区逐渐展现出产业融合现象，片区既有极具地域特色的老字号，也有现今消费文化下出现的创意体验产业。传统产业与创意休闲产业共同推动了营平片区产业的更新，也让旧城找到自己的竞争优势和市场定位，通过消费文化与传统地域文化的接轨，触发旧城社区产业的活力，逐步培育营平片区的消费市场。

5.5.3.2 老字号品牌的文创植入

营平片区分布着不少历史久远、特色鲜明、居民普遍认可的老字号，在长期的经营中，凝聚了本地的精神文化。然而随着社会发展和变迁，越来越多的年轻人不愿意在旧城就业、创业，传统产业走向衰败，老字号也"后继无人"。

文创的植入给老字号经营带来了提升机会。营平片区通过自下而上、公众参与为主体

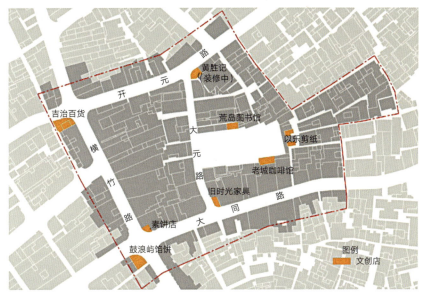

图5-24 鹭江旧城文创店铺分布（图片来源：思明区鹭江街道"美丽厦门共同缔造"工作坊成果）

的文化植入，由公园所在的大元路店铺率先进行自主更新，信记陈茶、同安封肉、黄胜记等由当地居民开设的商铺主动更新，也出现了由社会资本投资改造的网红店铺吉治百货、荒岛图书馆及老城咖啡店等新型业态（图5-24）。

利用营平旧城独特的历史建筑资源，吉治百货、旧时光家具、以乐剪纸等店铺通过建筑修缮与文化创意相联系，把历史建筑变成最具体验价值的场所，结合当前消费者的怀旧情怀与体验需求，营造独特的旧城消费场所，逐渐焕发旧城隐藏丰富资源的活力。为了更好地与居民融合，促进片区发展，吉治百货还邀请并培训居民做片区导游员，引导与帮助居民参与培育社区与社会组织，在这个过程中社区居民能够感受到自己回馈社区的价值与能力。而传统老字号店铺也通过自我更新焕发新的容颜，以经营海蛎面线糊的陈信茶店为例，店招与骑楼建筑风格冲突，且占道经营、门面杂乱，改造之后恢复了骑楼廊道，用海蛎壳铺设招牌，复古独特的外观吸引了许多路人驻足停留。"益生菌"的示范效应迅速蔓延到周围片区，业态得到激活，让更多的居民和社会大众看到了旧城价值提升的空间。

5.5.3.3 人气新型产业的补充

为了进一步聚集人气、延长外来年轻客群在营平片区的逗留时间，在新型产业补充方面，工作坊团队选择了民宿作为启动改造的"益生菌"产业，这也是业内人士普遍认为激活旧城的可行方向（图5-25）。可以为青年人、背包旅游者与家庭提供较廉价的住宿、自由丰富的旧城文化活动及更多的自助服务，促进外来客群对本土文化有更深入的体验和认知。

经过工作坊的论证，认为以青年旅社为代表的民宿产业要在营平片区存活及发展，需要考虑以下几个因素：

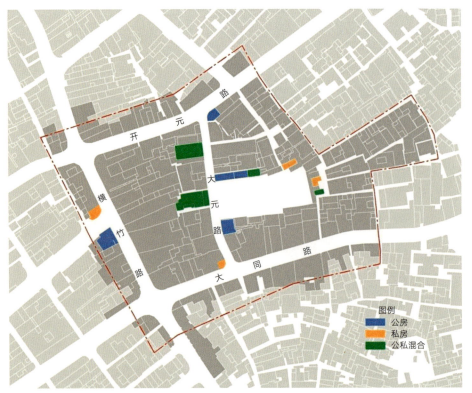

图5-25 产业提升计划启动益生菌点（图片来源：思明区鹭江街道"美丽厦门共同缔造"工作坊成果）

（1）应选址在公共交通便利、易达性较好的区域，离附近公交站点的步行距离在10分钟以内为佳。

（2）物业产权必须明晰，产权性质必须明确可作为旅馆业或商业用途，若产权分属多个业主，必须要与全部业主方签订协议，同时租赁期不少于10年，即10年内不会面临拆迁或大规模改造。

（3）选择有独立通道及门面、采光与通风条件良好的建筑，如果进深较大，最好有中庭或天井，保证采光与通风，并且具有一定的公共空间。

（4）建筑改造投入成本与投资能力相匹配，需综合考虑装修改造成本、原有设备折旧程度和房屋的可改造性，投资成本越低越佳，同时房经过改造可以通过消防验收，并拿到消防合格证。虽然民宿的审批手续较多，启动投入较大，但作为激活旧城的可行路径，值得进一步营造宽松政策以鼓励推进。

5.5.4 深化培育社区自组织

旧城"熟人社会"的关系网络在城市化进程中逐渐衰解，因此，依托老剧场文化公园开展社区活动对社区民生、社会治理与旧城文化传承具有十分重要的意义。通过公园建成后一系列活动的开展，已经逐步促进了社区人群之间的交流，提升了居民对社区的认同感，对重新构建营平片区良性的社会关系网络起到了积极的作用。然而，政府和市场的运作能力有限，还需要充分发展和培育社区组织的服务能力。

5.5.4.1 拓展社会组织服务

鹭江街道启动的家庭综合服务中心（简称"家综中心"），主要依托社工组织，除了前期负责文化公园及室内活动场所的活动组织之外，结合工作坊对服务的拓展要求，逐渐扩大了社区服务的深度和广度（图5-26）。家综中心积极协助街道及社区进行社区治理，从社区自治组织入手，结合思明区网格员制度，以楼栋为单位成立了共管小组，融入制度建设，实施社区和谐邻里计划，实现社区事务的管理与社区环境的良好营造。片区还实行了"巷长制度"，由居住在片区的新、老厦门人担任巷长，共同化解街巷矛盾、促进邻里交流。

除此以外，家综中心还依托社区家庭的需求，培育了一系列社会组织，对接居民的个性化需求。与此同时，也为其他小微社会组织提供包括活动监管、项目策划、技能培训及场所保障等多项支持，实现社会组织多方面、多层次的培育，促使更多社区社会组织的产生。例如，为关怀和服务老年人，成立老年人服务协会，提供日常照料、保健康复、休闲娱乐等服务，邀请社区画家开展书画兴趣班等。为帮助孩子的成长，片区邀请幼儿园及小学老师来家综中心授课，分批让不同年龄段的孩子参加早教课程或四点钟课堂，街道拨发一定资金作为教师补贴金。

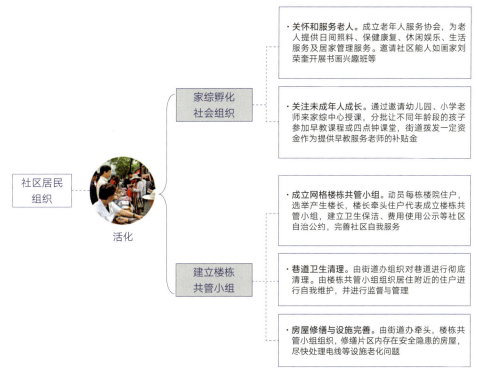

图5-26 社区组织的培育（图片来源：思明区鹭江街道"美丽厦门共同缔造"工作坊成果）

5.5.4.2 建立商家联盟协会

营平片区生活气息浓厚，因此长期存在店铺占用骑楼走道空间的问题。店铺前的公共空间被私有化，用于堆放杂物甚至做饭、用餐等，不仅影响了走廊的畅通，也对旧建筑及周边环境产生了一定的污染和破坏。久而久之，片区居民与商铺产生了矛盾，也影响了片区的邻里和谐与业态的持续发展。对此，工作坊通过动员片区商家共同建立商家联盟协会，做好自治组织管理与制度建设，协商解决片区商业发展中的矛盾和问题，同时提高片区产业知名度与业态发展。该举措得到了社区及商家的一致支持。商家联盟协会组建后，拟定了商家公约（图5-27），内容包括开展协会自律活动、店铺美化活动、老字号保护活动、回馈社区活动等，同时推进商铺立面与内部的改造管理、排水排污设施的维修改善等，有效地改善了商业运营环境，同时改善了商居关系，实现双方的互利互惠。

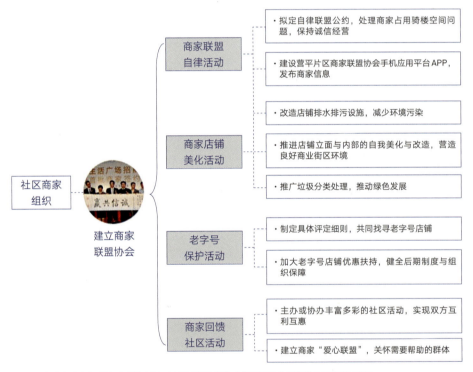

图5-27 商家自治组织营造（图片来源：思明区鹭江街道"美丽厦门共同缔造"工作坊成果）

5.5.4.3 培训社区规划师

工作坊持续深入地与社区沟通，在营平片区社区更新中较早提出了培育"社区规划师"的想法，以进一步提升社区住户与商家的参与度与活跃度，鼓励公众共同参与讨论旧城有机更新事项。由工作坊团队协助社区在居民中选出若干社区能人担任社区规划师，建立社区规划师组织并进行培训，为居民提供咨询服务，具体包括向居民进行宣传和培育工作、引导社区的自主更新以及收集和整理居民改造意见反馈给相关部门等。对社区规划师的培训内容丰富多样且具有针对性（图5-28），例如培训业主委员会、楼长、居民代表如何做好

图5-28 社区规划师的培训（图片来源：思明区鹭江街道"美丽厦门共同缔造"工作坊成果）

卫生与治安管理等；培训商家联盟协会成员及商家代表等如何推广品牌影响，开展丰富多彩的活动等（表5-11）。

部分社区规划师培训内容　　　　　　　　　　　　　　　　　　　　　　　　　　表5-11

社区组织培训内容	授课人员	培训对象	主要内容
社区家庭综合服务中心建设	民政局人员	业委会、楼长及居民代表等	社区家综中心的建设内容和服务要求
社区管理培训	物业公司	业委会、楼长及居民代表等	如何做好环境卫生、治安等方面管理
商家联盟协会组织建设	思明区曾厝垵文创会负责人	商家联盟协会成员及商家代表等	以文创会为例，如何组建商家联盟协会，如何推广品牌影响，如何开展丰富多彩的活动等
商家店铺美化培训	吉治百货负责人	商家联盟协会成员及商家代表等	以吉治百货为例，如何组建商家联盟协会，如何推广品牌影响，如何开展丰富多彩的活动等

资料来源：思明区鹭江街道"美丽厦门共同缔造"工作坊成果。

5.5.5 "以奖代补"促更新

在城市更新启动阶段，政府的扶持对于激发民众参与、消除公众片区发展的不确定性具有重要作用。共同缔造工作坊协助鹭江街道推出的"以奖代补"政策，很好地提升了业主更新的积极性，促进了营平旧城传统产业的继承与发展以及低端产业的转型升级。

鹭江街道办事处出台《思明区鹭江街道"老剧场文化公园周边地块有机更新"项目实施方案》和《鹭江街道旧城有机更新以奖代补实施办法》，优先选取产权明确、邻近文化公园的建筑，对参与提升改造的商铺、住宅提供奖励补贴。对符合《鹭江旧城有机更新总体风貌控制导引》设计风格的改造项目，或符合其对房屋进行立面改造和内部改造要求的项目予以奖励，对改为民宿、青年旅舍和咖啡店等业态，或传统特色食品店及其他能体现当地特色的业态予以奖励。

系列政策既缓解了居民和商家在更新改造上的经济压力，也调动了公园周边经营者和居民参与自主更新的积极性。"以奖代补"政策不同于直接提供财政补偿，是在改造后对做得好的项目、活动予以奖励。第一个享受该政策的是片区内的同安封肉店，商铺老板停业3个月进行改造，政府以奖金补贴的方式补偿其相应的成本、装修费、设计费及改造费。随后有更多店铺参与到自主更新中，并享受到了补贴奖励，如赖厝埕扁食店、黄胜记等，催化了营平片区的产业升级改造，并且释放促进城市更新的触媒效应，催化其他老旧建筑开展更新改造（图5-29）。

　　除了鼓励店铺及居民自主更新之外，对其改造也需要更多的技术支持。由鹭江街道办牵头，协同下属旧城改造公司、工作坊团队、旧改设计团队、居民和商家、旧改项目施工方等多方力量，建立了合作机制，共同协助商铺推进改造。项目完成了广场周边产业、商铺的优化转型，周围建筑立面的整治，引进文创产业等工作，提升了公园区域整体的环境品质，并较好地保证了旧城风貌延续和文化传承。

图5-29　赖厝埕扁食店改造前后对比

5.6
营平片区更新的启示

▶　　营平片区的发展并不缺资源，缺乏的是将传统空间与现代生活接轨、相互融合的契机。尽管旧城不断走向衰败，活力持续下降，但其悠久的历史、特色骑楼建筑群、浓郁的市井文化在老厦门人的心中有着不可替代的意义。老剧场文化公园的改造提供了营平旧城更新的契机，在"美丽厦门共同缔造"工作坊的推动下，逐步激发了旧城社区的活力和凝聚力，促进了产业发展，有序推进了营平片区的城市复兴。

以老剧场文化公园为集聚中心的社会关系网络逐渐建构起来，社区居民能够有意识地保护社区资源和环境，共同维护和帮助社区发展，社区的内生力量逐渐形成。最终文化公园形成了集文化传播、休闲、康健等为一体的新型公共空间，片区的知名度不断提高，逐渐成为厦门旧城文化展示的地标场所。文化的注入和转化成功地衔接了旧城传统空间与现代生活，不断发挥着城市触媒的效应，公众在营平看到未来发展的信心，也逐渐渗透到其他旧城片区中，发挥着更多的示范与催化效应。

5.6.1 公共空间改造触发社区更新

老剧场文化公园通过改善公共空间为居民创造了优质的活动场所，举办的各种活动，将居民邻里聚集起来，促进居民的社区认同感，激活了旧城片区的微观邻里关系，促进了地区周围社会环境的改善。

公共空间示范点的选取需要考虑多方因素，包括社区的历史文脉和肌理特征。以城市问题或者城市资源为切入点，以综合性的思维对社区更新发展规划进行设计考量，化解社区问题，发挥资源的优势，甚至协助从微观层面逐步改善生态环境。例如选取老剧场片区周边优先启动作为"益生菌"片区，可以实现在完成更新改造后，不仅为居民提供休闲活动场所，还让人们更好地了解片区，提升了居民对社区资源的珍视，开始重视空间环境的改善和邻里和睦关系的营造等。在居民认同意识不断被唤醒的时候，老城的资源潜力也能更好地被激发出来（图5-30）。

公园广场的文化氛围吸引了众多的厦门居民和外来游客，大元路片区也焕发出了新的活力。位于大元路上的信记陈茶、同安封肉、黄胜记等陆续更新，逐步融入公园广场所创造的美好愿景中。

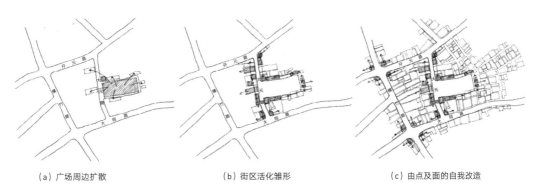

（a）广场周边扩散　　　　（b）街区活化雏形　　　　（c）由点及面的自我改造

图5-30 鹭江剧场公园微改造扩散效应（图片来源：思明区鹭江街道"美丽厦门共同缔造"工作坊成果）

5.6.2 地方文化特色支撑社区发展

城市文化是一个地区发展的灵魂，它反映了城市所处的时代、社会经济、生活方式、人际关系等。好的城市文化能够延续城市发展脉络、推动社会融合。营平旧城具有浓郁的地方文化特色，将这些文化充分地展现出来，就能成为营平片区发展的重要基础。

营平概念化的"老厦门文化"是其最重要的非物质文化资源，包括市井生活、传统手工技艺、老字号小吃、讲古说书、传统戏院与剧场文化等。围绕这些文化资源，公园改造后通过组织"早市"宣传、展示传统文化，使营平的文化特色得到很好的保存和宣扬。

同时，营平片区内的老字号店铺，通过文化创意植入适当修缮立面、内部装修，把地方文化特色跟消费需求结合，使旧城不再只是居住空间，也成为人们消费体验、互动交流的场所。地方文化与消费文化的密切结合可以激发城市发展的持续动力，带来不一样的生机与活力，能够满足城市与时俱进的需要。

5.6.3 培育市场，形成更新推动力

良好的市场运作是促进城市更新与保护的重要推动力。政府通过补助等方式积极引导、扶持社区产业发展，打响了鹭江剧场文化公园片区的知名度，尽管并没有进行大规模的物质建设，但是活力却在不断增加，居民自我更新的动力也在不断增强。公园的建设让大家看到了环境巨大的变化和提升，居民和业主也重新拾起了经营的信心。其中吉治百货（2014年11月改造）、荒岛图书馆（2014年11月改造）、以乐剪纸（2015年10月改造）、老城咖啡店（2015年11月改造）等主要由社会人士投资；而同安封肉店（2015年5月改造）、赖厝埕扁食店（2015年8月改造）、信记陈茶店（2015年12月改造）等则是对原居民开设的餐饮店的更新。由此可见，营平片区成功激活了市场转型，本地居民和社会人士都看到片区商业未来升值的空间，形成了更新的持续推动力。

5.6.4 注重政府引导，出台政策支持

政府在营平旧城更新活化中扮演着重要角色，但有别于在拆建式更新，政府是完全的主导者，在此政府更多扮演引导者的角色。从城市空间微改造入手，政府找到了营平片区最需要的场所——公共空间作为切入。政府通过出台系列优惠政策，借助制度设计为公众参与搭建良好的更新平台。通过为社区内各空间、店铺改造更新提供示范与带动，颁布"以奖代补"的奖励支持、为扶持产业提供租金减免等政策，树立公众对更新和地区发展的信心，激发其自我更新能力。

5.6.5 注重居民培养，鼓励公众参与

如果没有社区更新，旧城居民往往选择离开方式来改变自己的生活环境。居民因为缺乏社区更新改造的平台、技术能力和资金能力，往往忽视了片区资源的价值，也无法通过自己的力量去改造社区。为了解决这个难题，工作坊开展了广泛的居民座谈，也通过开展试点与政策激励，让居民增强对地区发展的信心。

社区公共空间改造作为触媒的共同缔造路径，很好地激发了社区的自我更新能力，推动了以居民为主体的更新改造，完善了社区新的内在运作机制，能够灵活、及时应对社会发展变化的更新需求，使老城与现代生活紧密相连，从而保持老城社区的活力，实现其可持续发展。

从纯粹的空间提升，节点示范，到政策奖励、文化引导、组织培育等，多种方式形成社区自我更新能力与模式完善。尽管政府与居民之间的沟通，难免有所困难，但随着自治组织的发展，和对公众参与的普遍重视将会逐渐顺利运行起来。

第 6 章　厦门社区更新反思与实践经验

6.1　反思一：更新历程中的公众参与效用
6.2　反思二：市场参与社区更新的动力及优劣
6.3　反思三：社区更新制度仍存在的不足与矛盾
6.4　反思四：共同缔造实践需要持续深化
6.5　经验一：共同缔造更新机制建构
6.6　经验二：培育社区更新的内生动力
6.7　经验三：促进社区的文化复兴

6.1
反思一：更新历程中的公众参与效用

▶ "自下而上"公众参与的自主更新模式在厦门社区取得了较好的成效。但需要指出的是，公众参与意识的培养及建立并非一蹴而就。本节以沙坡尾更新为例，对厦门社区更新历程中的公众参与实践过程及其效用进行反思，以城市规划的不同阶段为线索，对各阶段公众参与情况进行描述和分析，以便更好地解读更新历程中公众参与机制效用的变迁。

6.1.1 更新规划 1.0："象征性的参与——提供信息"

厦门社区更新规划的1.0阶段，居民参与只是一种象征性的参与，居民参与的实际内容很少，不足以影响规划的实施和决策，仍处在相对被动的状态。

以2004年沙坡尾社区更新规划1.0的《厦港一期修建性详细规划》（以下简称《厦港修规》）为例，该规划由厦门市政府组织编制，市规划委审批，市规划院主要负责编制。如表6-1所示，在规划编制工作

城市规划阶段 表 6-1

城市规划过程		
规划编制阶段	规划草案初拟	编制工作启动
		城市规划调查及基础资料的收集
		城市发展目标的确立
		规划方案的草拟和选择
	规划草案意见征询	
	规划草案修订	
规划确定审批阶段		
规划实施阶段	规划公布	
	规划实施	
规划修改阶段	规划评估阶段	
	修改启动阶段	
	修改方案编制阶段	

资料来源：作者根据《城乡规划法》整理绘制。

的启动阶段，并没有进行公众参与。公众参与主要体现在规划草案初拟阶段，即城市规划调查及基础资料收集，城市发展目标的确立，规划方案的草拟和选择，草案意见征询阶段以及规划公布的阶段。

作为地方性法规，《厦门市城市规划条例（2003）》对《厦港修规》同样具有法律效力。根据《厦门市城市规划条例（2003）》中对公众参与程序的规定，修建性详细规划并不需要在草案意见征询和规划公布阶段组织公众参与，但《厦港修规》在编制和实施中都有意识地进行了公众参与，通过网络、媒体等手段，征集公众的意见并融入方案中，且在规划审批通过后进行了成果公示。说明此时各级政府都有了一定的公众参与意识，开始重视规划制定中的公众参与程序。同时规划在前期调查和资料收集的阶段，对片区内原居民的生活状况及意愿进行了深入的摸底调查，在方案中最大限度地考虑了原居民及弱势群体的利益，体现了"以人为本"规划的思想。

由于前期调研只是针对拆迁安置的问题，居民仅是有限地参与，公众参与并未真正影响到规划决策的制定与实施。同时，公众的参与意识还很薄弱，并无主动参与的意识，在规划过程中也无针对公众参与意识和参与能力的培养。因此，此时的公众参与尚处于"象征性参与"的程度，属于"提供信息"阶段，即让公众知晓规划及其拥有的权利和责任，但仍以被动接受为主，并没有实质上的参与。

6.1.2 更新规划 2.0："象征性的参与——政府调整"

与《城乡规划法》中公众参与的突破一样，2012年更新规划2.0时期，《沙坡尾海洋文化创意港行动计划》（以下简称为《行动计划》）中有关公众参与的研究及其在方案中的运用也有了一定程度的进展。该《行动计划》完全由民间自主组织开展，多元团队参与方案的制定，包括如建筑、景观、规划、经济以及海洋文化研究等。该《行动计划》在制定过程中没有政府方的参与，最大限度地代表了民间意愿，后通过了政府审核，是典型的"自下而上"规划的成功案例，具有里程碑式的意义。其在方案中提到构建政府、社会与居民共同参与的"沙坡尾社区营造中心"，由投资者与社区营造者共同管理沙坡尾的开发运营，认为是沙坡尾公众与政府共商、对话的试验平台。

在更新规划2.0阶段，居民参与相比于更新规划1.0阶段虽已有所提升和扩展，但仍旧有很大的不足。尽管自下而上的规划在当时属于非正式的更新规划，但可以看到，在由社会精英团队自发组织进行的规划编制过程中，居民在规划编制启动阶段有所参与，在前期调查时进行了简单地访谈。但根据实际执行情况来看，只有部分公众参与规划编制阶段，且以开发主体代表为主，居民和社区内其他各利益群体的公众参与度较低，公众参与主体的覆盖率仍有待提升。

由于此时社区各群体的规划参与意识未完全激发，"社区意识"尚且薄弱，各方利益群体就规划方案难以达成一致共识，以致方案没有完全实施，所提出的"沙坡尾社区营造中心"也没能实现。

因此，沙坡尾更新规划2.0阶段虽然想实现"市民主导"，但实际可认为是处于"象征性的参与"层次中的"政府调整"程度。政府接纳部分公众即精英团队提出的行动计划，在实施过程中做了局部退让，但主场行为与政府职能界限不清，也导致方案最终无法实施。

6.1.3 更新规划3.0："象征性的参与——征询意见"

在2015年更新规划3.0中的《厦门沙坡尾有机更新计划》（后简称《有机更新计划》）方案中体现了一定的社区营造思路。在上位法规中，《厦门市城乡规划条例（2013）》虽然对于公众参与程序的制定较之前有很大的推进，但是其关于修建性详细规划中公众参与的内容仍然甚少。在没有完善的公众参与程序和法规保障体系的指导下，在实际操作过程中公众参与仍然非常有限。

厦门更新规划3.0阶段采取了一些较为实质的做法，即向公众征询了规划方案的意见。由政府组织编制，台湾地区的社造团队主要负责的《有机更新计划》在方案编制初期针对沙坡尾社区内的居民及工作人员，调查其对于社区未来发展和愿景的看法。尽管调研数量有限，但首次在规划调查阶段关注社区发展的问题，并在规划在公布之前进行了公众意见征询，邀请高校老师、在地商家、业主等参与方案汇报，并就方案内容进行探讨。但由于公众参与仍仅限于部分群体代表，而未扩展到社区所有居民，该阶段公众参与还未得到全面广泛的普及和落实。

在更新规划3.0时期的《沙坡尾景观改造提升方案》中，公众参与深度有所加强。在规划草案初拟完成之后，政府公开发文向居民征集意见，并进行了意见征询会。本地NGO团队、沙坡尾部分产权业主、部分在地商家及本地文化单位等，作为社区代表参会。各方代表针对草案提出了自己的意见和看法，其中部分意见被采纳并在规划实施中有所体现，可以说这是公众参与最具有实质性的一次规划。但同样也可以看出公众参与的主体不够全面，例如渔民群体的缺席，可见仍具有一定的片面性。除此之外，这版景观改造提升方案公布时预留的征集公众意见的时间非常有限，民众对规划内容未能及时提出建设性意见，导致公众意愿没有被及时地获取，甚至引起公众质疑，同时也导致《有机更新计划》没有最终实施，规划中有关社区治理的内容也无法推进。

总结来说，在规划3.0阶段，居民的"社区意识"逐步觉醒和提高，政府和规划师也有意识地通过物质空间更新和举办社区活动来推动社区治理，但在具体实施过程中，由于依旧是以政府主导推动社区建设，规划过程中的公众参与程度与民众参与意识不对等，公众参与在具体实施中未真正做到最大限度地听取各利益相关方的意见并及时协调矛盾，使得方案的出台反而引发了一些社会反对声音，为社区治理提出了更高的要求。

6.1.4 更新规划 4.0："有实权的参与——权利代表"

"美丽厦门共同缔造"试点行动全面铺开实施之后,市民的公众参与意识有了质的提升,政府工作方式也在逐步转变,2016年更新规划4.0就是在"美丽厦门共同缔造"指导下开展的。规划4.0与传统规划最大的不同点是,从前期调研到规划决策,全程都进行了有效的公众参与。

在规划编制初期进行前期调研时,不再仅限于对现状问题的走访,而是有针对性地就渔船回归问题以及沙坡尾未来发展问题,对不同的社区群体,例如渔民、商家、本地居民、游客及商家等,进行问卷调查和访谈和征集公众意见。基于此,思明区政府组织了社区内的各大利益群体、市区级行政单位和基层政府等相关人员成立了沙坡尾改造提升工作小组(表6-2),在大学路58号(政府公房)下设办公室,负责社区活动的举办以及工作坊工作的进行。工作小组的建立,成功地把社区内各利益群体集合在一起,助推了社区工作的有效开展。

沙坡尾改造提升工作小组成员　　　　　　　　　　　　　　　　　　　　　　　　　　　　表 6-2

职能	所在单位	性质
组长	思明区人民政府	区级行政单位
副组长	厦港街道党工委	基层政府
	市发改委产业协调处	市级行政指导单位
	市国资委企业发展改革处	
	厦门市海洋与渔业局渔业处	
	厦门市渔港渔船管理处	
成员	思明区文体出版局	区级行政单位
	思明区政府办	
	思明区发改局	
	思明区财政局	
	思明区建设局	
	思明区市政园林局	
	思明区行政执法局	
	思明区旅游局促进科	
	思明区环卫处工会	
	厦港街道办事处	基层政府
	厦港街道党工委	
	沙坡尾边防派出所	
	厦门市土地总公司(属厦门市国土资源与房产管理局)	国企
	市属资产管理有限公司	
	区属国有资产投资有限公司	
	区属旅游投资集团	
	厦门夏商水产集团股份有限公司(曾用名厦门水产集团)	

续表

职能	所在单位	性质
成员	物业管理有限公司	私企
	沙坡尾本地船舶修造厂	
	文化创意投资有限公司	

资料来源：根据《厦门市思明区人民政府办公室关于成立沙坡尾改造提升工作小组的通知》整理。

在初步方案后，街道组织进行了第一次公众咨询会，针对初步方案成果、居民最关心的沙坡尾发展问题以及方案的补充设计等相关内容进行了探讨。会议结束后，规划师团队针对此次公众咨询会所涉及的问题和意见，对方案进行了调整。此后进行了第二次公众咨询会，与会人员的涉及面较上一场更为广泛，公众在对方案内容有了基础了解之后，在第二次公众咨询会中讨论更为深入，针对性更强，充分表达了自身的意愿，公众参与度高，群众满意度较高，公众参与效果十分明显。在充分协调了各方利益和解决公众对社区发展存在的疑问之后，最终方案得到了大家的认可，并成功通过了审批。

公众参与并没有在规划审批公开之后就结束，在实施的过程中也时刻保持着和居民的紧密联系，持续展开社区自治行动，例如组织开展党建引领工作，培育社区工作者；组建商家联盟，约束商家行为，组建商家联盟回馈社区，主动进行沙坡尾志愿者活动，帮助保持沙坡尾环境的整洁干净；同时举办"沙坡尾的第101种可能"系列活动，及时公布规划实施情况，探讨沙坡尾社区的发展问题，并传承弘扬社区文化。

因此，在厦门社区更新规划4.0阶段，"美丽厦门共同缔造"规划建立了较为健全的群众参与机制，拓展了市民参与的形式，并通过多种方法有效地调动了居民的参与度，最大限度地听取居民和各利益团体的意见，且使公众意见影响规划决策，公众参与不再流于表面，为构建小政府大社会打下了坚实的基础。做到了以群众为核心，"以人为本"和"为民谋利"，公众参与处于"有实权的参与"程度中的"权利代表"阶段。

综上可见，无论是规划1.0被动地进行公众参与，还是规划2.0中精英化的公众参与，抑或是规划3.0部分群众的公众参与，其在规划编制过程中的公众参与程度均不高，大多是在前期调研、草案意见征询以及规划公布阶段进行简单的规划公示和意见征集，公众参与的效用都十分有限，无法有效推进沙坡尾社区更新。相较之下，参与式规划4.0的公众参与实施情况良好，几乎在编制阶段全程进行了有效的公众参与，属于有实权的参与，且社区更新效果较为良好。总结沙坡尾社区更新历程中的公众参与（图6-1）可知，公众参与效用较低的传统规划难以解决社区发展问题，只有"自上而下"与"自下而上"结合推进的参与式规划能够有效推动社区更新的实施。

阶段	更新规划 1.0	更新规划 2.0	更新规划 3.0	更新规划 4.0
编制工作启动	✗	✓	✗	✗
城市规划调查及基础资料的收集	✓	✓	✓	✓
城市发展目标确立	✗	✗	✗	✓
规划方案草拟和选择	✗	✗	✗	✓
规划草案意见征询	●	✗	●	✓
规划草案修订	✗	✗	✗	✓
规划确定审批	✗	✗	✗	✗
规划公布	●	✓	✓	✓
规划实施	✗	✗	●	✓

✓ 公众参与实施情况较好　● 有实施但较为简单　✗ 没有进行公众参与

图6-1 更新历程中的公众参与效用图

6.2
反思二：市场参与社区更新的动力及优劣

6.2.1 市场参与社区更新的优势

▶　　由于旧城社区更新涉及独特的历史背景、复杂的产权现状和众多的风貌建筑等，相较于单纯的政府和居民主导，市场参与下的社区更新有其优势所在。首先，市场能够解决旧城社区更新资金投入的问题，通过整合市场资源为社区更新提供服务，有效提升更新效率，缩短更新周期。通过市场运作能够有效控制社区更新的效益平衡，进而推动旧城更新的发展。

此外，市场参与下的城市规划更加注重城市空间与产业机制的发展，这就为旧城更新提供了由"行政意识"向"市场配置"转化的新模式。通过市场竞争和资源配置促进城市的自我生长，这正是市场经济所鼓励和倡导的。

最后，在规划的实施策划方面，企业引导的保护性更新体现了强烈的市场意识。虽然从表面上看，保护性更新在前期并没有多大的经济回报，但为后期的整体发展营造了良好的氛围，提升了整体的可利用价值。价值观的转变可以促使市场开发企业在旧城保护更新中寻求到参与的动机，使旧城在多方博弈的过程中得以可持续发展。

6.2.1.1 获得商业利益的同时服务社区

市场介入旧城社区更新时，往往并不被居民看好和接受，因为大多数居民认为企业或投资者是为了获利而非为了社区发展而进行投资。特别是有的投资企业在进入旧城之时，接手的是一个由于前几轮规划未实行而积累下的老旧社区环境，居民的反对源于对拆建式更新的排斥。

因此，市场进入社区不仅要考虑自身利益问题，更要注重对社区发展的关注和投入。企业若要与居民建立良好的沟通关系，除了投资社区建设外，也应适当地将资金和时间投资在社区更新管理中去，企业也应作为社区的一份子参与其中，而非纯粹的利益考虑。一方面，企业通过社区环境的改造，提升了社区的经济能力，另一方面，当有争议性问题产生时，企业代表若能从企业角度帮助社区解决非盈利的问题，达到其服务社区的目的，可以建立其声誉，提升企业的信用度。企业服务社区并非使其利益受损，而是经由社区参与扩大了企业与社区的接触、与居民的接触，借此使居民对社区更新态度有所改观，更能提升政府与企业在社区更新中的合作机会，以获取商业收益。投资思路的转变对企业来说意味着莫大的发展机遇。

6.2.1.2 转变投资方式

和服务社区一样，企业应当肩负起一定的社会责任，为社区的可持续发展出一份力。在企业引导下的更新优势还表现在通过企业的资源配置，可以有效弱化政府在旧城更新中的行政控制力，为市场参与到旧城更新提供了新的动机。

但由于市场无法与居民平等博弈，一旦无法平衡治理力量，会导致社区更新中其他问题的产生。例如，因为市场机制的内在缺陷，社区更新在缺乏公共干预的情况下，企业可能会只注重自身的投报比，而无法实现社区的公共利益。而居民自控一旦失效，将会导致个人短期收益增长，而集体利益受损，最终不但无法保证社区的可持续更新，还有可能迫使旧城走向衰败。

6.2.2 资本市场下的社区空间再生产

资本的本性决定其在空间生产过程中始终以利润最大化作为首要目标，以获取剩余价值作为终极目标。资本顺应并利用了空间生产逻辑，实现了资本空间化向空间资本化的转变。沙坡尾片区内私房较多，18%以上的住房具有两户以上的产权人，复杂的产权一定程度上使其免遭"大拆大建"的商业地产开发。而消费文化为主导的私人资本，在市场驱动力的作用下，以"小规模渐进式"进入沙坡尾，使越来越多的居民放弃住房的居住使用价值，沙坡尾社会空间发生重构。

当空间像物质资料一样成为资本存在的具体形式，就极易出现利益驱动的空间生产现象。近年来小吃餐饮类在沙坡尾的业态占比迅速增加（图6-2），一方面，餐饮类业态能在较短的时间内带来大量资金流，与资本利润最大化的目标相匹配，而盈利空间较小的传统业态因此被迫逐渐退出片区；另一方面，以资本附加值为中心的生产方式使商铺租金日益

图6-2 2016年、2018年沙坡尾业态对比

图6-3 2015~2018年业态占比变化

升高,又间接推高了商品的价格。本质上,这种以新型消费为吸引力的改造只满足了部分游客人群的需求,挤压了原住民及渔民等人群的生活空间,是对"绅士化"的变相推进;而空间生产通过对特定消费群体的划分和吸引,也挤压了低收入市民对空间的部分享有权,代表空间公平与正义的天平开始倾斜。

对重点研究区域内业态情况进行统计分析(图6-3),研究发现,渔业及相关业态已彻底消逝,能体现沙坡尾传统地方特色的商铺日益减少。2015年退渔后,以小吃店为主的新业态取代渔业及便民类传统商铺的趋势日益明显,产业特征由传统型向现代型转变。代表外来文化和创意文化的咖啡厅、外国料理店、创意料理店及蛋糕甜品店快速兴起,并在餐饮行业内占据较大比例,成为沙坡尾片区的新标签。

旧城的改造更新不单是外在环境的重塑过程,本质上是社会空间的再生产,大型商业综合体、聚集创意店铺的艺术文创区,以及众多的咖啡、酒吧及甜品店等新物质空间的生成(图6-4),也生产出新的生产关系与社会关系,是文化创意港对渔港、外来人口对原住民的置换和取代过程。这些新社会场所的出现,预示着新的生产关系的建立,其生产和塑造的不仅是空间,更是一种社会结构与界限。随之而来的是日常生活空间的转变,旧的生产关

图6-4 沙坡尾的新兴店铺

系在新的空间中不复存在；依赖于地缘和本土历史网络所构成的传统空间界限也一同消失，在空间业态类型不同的表象背后，实质上是主导资本、阶层和社会关系的不同。在物质空间与社会关系的改造中，沙坡尾在日常生活的再生产过程中，与传统社会空间逐渐分离。

在多数已有的旧城改造中，政府有着城市管理者、利益参与者和仲裁者的多重身份，通过行政权力管理城市的空间资源，加强了对空间生产的干预，其在沙坡尾空间再生产过程中的很长一段时间内处于引导者地位。在沙坡尾社区多轮的更新改造中，政府的角色一定程度上从"决策者""主导者"转向"推动者"和"参与者"。2003~2015年，沙坡尾地区前后经历了多轮以物质空间改造为导向的更新规划，其中，政府较重视旧城的发展价值，倾向于将其打造为新的城市增长空间，而资本则看重其经济价值，两者的诉求在空间生产中存在一定程度的契合点。然而社区面临的文化、社会、民生等发展的困境未能解决，甚至各利益群体的冲突呈现愈加激化的趋势。

空间建构者是社会空间的重要组成部分，其变化反映出社会的变化。根据街道统计数据，2000年沙坡尾18%的居民为渔民，其他职业主要为造船工人、船工、商人。此后十年间，伴随物质空间老化，户籍人口与渔业工作者有所减少，但打鱼作业者仍是重要的空间使用主体。

2010年以来沙坡尾人口呈现外来人口聚集、本地人口老化的趋势。2011年社区总户数2070户，常住人口4998人，流动人口2150人。其中在中山路附近上班的打工者是流动人口的重要组成部分。与此同时，许多原先在曾厝垵工作的"文艺青年"在房租推力下，迁往沙坡尾，加入到沙坡尾的社会空间建构中。

伴随空间再生产的推进，近年来沙坡尾片区内的房租迅速上涨，拥有较高付租能力的外来人口逐渐取代原先租住在沙坡尾的打工者及部分"文艺青年"，在沙坡尾工作、学习的非原住民及游客渐渐成为空间主要建构者，空间构建者呈现"绅士化"发展趋势。

在沙坡尾由传统渔港向文化创意港转变的过程中，居民的社会空间关系也发生变化。当地居民的传统生产资料——渔船不再出海作业，渔民与原本的生产资料及生活方式相分离，渔民这一职业群体逐渐走向终结。同其他历史街区相似，住房在沙坡尾地区也成为新的生产资料，居民纷纷将个人生产资料——住房投入到空间创造价值的过程中，将住房外租用于商业使用，创造经济价值，原住民的身份转变为房东，以实现其利益的兑现。在转变过程中，原先在沙坡尾片区内租住或工作的空间建构者也呈现核心——边缘结构。由于缺乏可成为新生产资料的住房，外来打工者、文化青年及渔民在空间再生产过程中处于不利地位，沦为空间再生产过程中的边缘人群。

6.2.3 市场参与机制具有内在缺陷

作为单一市场配置下的更新，必然会注重投资回报率。企业引导下的旧城保护更新，是将就地平衡的盈利模式转为在更广阔的时间和区域内的总量平衡模式。以沙坡尾更新项目来说，虽然前期策划时在更新运营主体的机制上有所创新，吸引了业界和媒体的关注。但在实践中依然走的是利用社区资源，依托沙坡尾工业遗产开发再利用的道路，忽略了在产业升级的背后对原住民生活的影响。

在开发商的统一策划下，如果缺少政府的公共干预机制和居民的参与，将一个原本低收入的破旧居民区直接转化为一个高端时尚的创意产业园区，是利用原住民的资源创造片区繁荣的假象。所以业态引导更新才会出现诸如市场精挑细选的招商与原住民执意发展本地低端商业的尴尬局面。

居民的文化水平和更新能力决定了其参与的能力，开发商希望通过提高市场需求层次淘汰原有老旧产业，进而迫使居民适应市场需求是行不通的。居住社区中，商业的发展只是其中的一小部分，并不是所有居民都能够通过商铺租金的上涨改善生活质量。随着消费水平的提高，生活成本的上涨，原住民很有可能被迫搬离。经过数年的更新换代，社区将会逐渐为外来人员所"吞噬"，地区文化也会随着外来文化的侵入而消失殆尽。这种更新模式虽然没有将原住民迁走，但却是另一种较为缓慢的变相迁移。因此，在缺乏政府公共干预机制和居民参与的情况下，受市场机制内在缺陷的影响，以新兴产业为动力的开发无法从根本上以公共利益的实现为目标。

综上，市场引导下的更新有其优势之处，在社区更新中具有学习借鉴的意义，但仍需要注意各方力量的平衡维持，否则随之而来的更新问题也会导致更新失败。呼吁公共参与的旧城更新并不是排除政府之外的治理，有效的公共干预和市场的适度参与是旧城实现可持续更新的基础保障。

6.3
反思三：社区更新制度仍存在的不足与矛盾

6.3.1 社区更新模式的转变存在制度滞后

6.3.1.1 城市存量资产的管理制度不足

▶ 过去30年，中国城市规划进行的大多是城市增量规划，土地财政的发展使城市资本快速积累，并迅速推动了城市的基础设施建设发展。而在存量规划时代，产权关系复杂不清、居民私自搭建等问题为城市社区的更新型发展增添了许多阻碍与困难。土地与住房管理制度是社区自主更新的政策保障，如果对于城市存量建筑管理的约束力不足，则无法满足当前社区更新的需求。

现有的土地管理制度无法对社区内产权问题进行有效管理，衰败的旧城社区，产权管理的不足带来的低成本使用，使居民私自加建、空置及历史性住户管理等问题愈演愈烈，甚至可能影响社会稳定，一旦周边居民在自主更新时持续效仿，社区便陷入了恶性循环。再加上执法部门在执法过程中面临的民事、刑事纠纷难于处理，旧城社区自主更新则更难以突破困境。

政府需要为上述问题提供解决的方式和策略，最重要的就是从机制政策上做出改革和调整，如果不从根源上优化社区更新机制，其他解决方法都只能从表面解决当下的问题，难以实现长期有效的自主更新。

6.3.1.2 城市公房的管理和腾退制度存在问题

公房分为单位公房和直管公房，是政府可控的空间资源。在社区更新中公房是激活老城社区的一大触媒点，如何通过盘活公房资源来激活社区是一个值得深入研究的重大课题。老城区的历史风貌保护十分重要，但居民生活条件的改善也迫在眉睫。以营平片区为例，片区内分布着大量的公房，现有公房居住面积大约为19.44万平方米，居住着3936户住户，公房住户占片区内总住户60%，却只占据了片区住房面积的40%。因此，想要抑制社区老旧住宅破败、公共空间拥挤杂乱的情况，就需要依靠公房进行一定的疏解，腾退出一定的公共空间加以改造提升。

而社区的公房管理和腾退目前仍存在着一定的问题。历史上公房是通过征收地主、商人、华侨的住房，或由政府统一建设，再作为福利分配给普通市民居住的房屋，公房的产权属于政府，住户能够以很低的租金获得无期限租约的居住权。在经过几十年、几代人的演变，这些公房住户潜移默化地将这些住房视同家庭继承的房产，有的还加盖了厨房和卫生间等。公房住户现今许多已经购买了经济适用房，或是拥有其他住房，有的甚至已经离开厦门，也会将公房转租给他人。对于这些住户，公房不再是其居住权益的福利保障，而是获得增值利益的不动产。还有一些住户私自将住房转租改造为商业、酒店等，租期长达10年甚至更多，导致房屋管理部门要征收时面临租期未到，被要求赔偿等难题。还有一些住户在房改的时候已经享受了单位福利分房政策，不应再占用公房但仍未腾退。

现阶段公房腾退管理的困难重重，公房管理部门难以及时清理核查业主去留和房产变更情况，也使得公房产权管理问题遗留至今。目前厦门市也缺乏清晰的公房腾退政策，想要利用好社区公房必须在住房管理制度的改革调整上下功夫。

6.3.1.3 政府行政部门需要加强协同

在营平自主更新中，我们可以看到，指导片区更新的并非单一的政府部门，不同职能部门代表了不同的视角和关注点。受行政体系职能分配及财税体制的影响，不同层级和不同部门对待旧城更新的做法不一。在面对旧城社区更新时，房屋管理部门管理缺位，大部分工作被认为是规划部门的责任，两个平级部门出现职能相互交叉时，沟通成本较高，同时也难于开展工作。除此以外，不同层级的政府部门由于职权不同，其对待更新的态度也不同，例如区政府及街道层面更看重更新后能否获得收益，或更利于行政管理。

6.3.2 社区自主更新相关政策尚不完善

6.3.2.1 居住空间自主更新动力不足

以厦门旧城片区自主更新为例，相关政策涉及包括国家、地方政府及部门各层面相关的法律法规和规章文件等。国家层面主要包括：《中华人民共和国物权法》《中华人民共和国城乡规划法》《中华人民共和国土地管理法》和《国有土地上征收与补偿条例》等涉及土地制度、房屋管理制度及拆迁制度的法律法规，它们构成我国旧城更新的基本准则。地方政府规章主要包括《厦门市老旧小区改造提升工作意见》《厦门市私人危住房翻修改造建设规划审批意见》《厦门市房屋安全管理规定》《厦门市建筑外立面装饰装修管理规定》等。地方法律规章为旧城更新制定了相应的引导与约束条件，囊括了相关行政区域需要执行遵循的具体行政管理事项，为政府部门执行相关规定制定了具体的规章条例。而地方部门文件是指地方相关管理部门针对旧城更新所颁布的相关政策规定及实施意见等，这类政策文件主要包括两种类型，一种是针对不符合事实发展的既有制度的调整，另一种是针对更新中出现的新问题进行及时引导而制定。前者如《厦门市国土资源与房产管理局、厦门市规划局关于加强国有土地范围内私人住房拆除重建时权属证书管理的通知》，后者如《思明区老城区私危房翻建解危以奖代补办法》《厦港街道环避风坞内侧房屋立面和屋顶提升改造以奖代补实施方案》等。

以沙坡尾片区更新实施为例，当前沙坡尾片区更新相关的政策存在针对旅游空间与居住空间改造上的失衡，重点关注旅游空间更新，而针对居住生活空间的改善方面却较难推进。

目前沙坡尾片区更新的重点更多围绕避风坞的景观改造，避风坞沿岸重铺道路、建木栈道以及鼓励避风坞周边房屋"平改坡"，并用"以奖代补"等政策补贴的方式促进居民整修房屋立面和屋顶。一系列"形象工程"式的改造，整体环境的改善、旅游业态的提升，使得避风坞周边及大学路—民族路两侧的房屋价值大幅提升。但这些红利与居住在商铺之后、巷弄之中的居民并无太大直接关系。沙坡尾社区中的很多曾在渔业产业链上工作的渔民们，居住的房子绝大多数品质差，基础设施也十分落后。但因为危房政策认定标准单一，无法涵盖大多数需求，此类房屋还达不到危房标准，便无法通过危房政策进行翻改建而改善自身居住环境，限制了多数居民改善生活条件的诉求。以石榴井巷2号民居为例，该房屋建于1980年代，由于早期宅基地小及他人侵占等问题，导致当前住房两侧面宽分别为2.89米与1.49米，进深约8.5米，如处于夹缝之中。房屋面积狭小、没有独立的厨卫空间、常年缺乏采光与通风，居住环境相对恶劣，但由于房屋并未存在结构性危险，不能进行翻改建。

如果没有政府的支持与政策引导，居民们难以实现有效的自主更新。而目前的沙坡尾更新甚至影响了居民的权益，一方面，公共空间人流量与车流量的增加影响了社区居民的出行；另一方面，"渔船上岸"政策与商铺租金增长使得片区内的部分居民失去了经济来源只能转岗。这些居民仍继续在此居住，而曾经他们赖以生存的避风坞与骑楼街正与他们渐行渐远，原有的社区关系也在经济价值的影响下愈发紧张。因此多数居民对于更新并未有强烈的认同感与足够的参与度。

因此，在共同缔造之前的沙坡尾社区自主更新具有很强的政府主导性及政策倾向性，只进行避风坞周边建筑的更新仅是"形象工程"的成功，旧城区内存在大量居民自建房，这些房屋的有效更新才是实现片区更新的重点，而这些居民自建房的自主更新反而缺少相应的支持与保障，甚至面临诸多政策限制。

6.3.2.2 管理政策与居民实际需求的不一致

1. 私危房翻改建管理程序与"五原"原则

根据《厦门市私人危住房翻修改造建设规划审批意见》及《思明区私人危住房翻修改造建设规划审批规定》的相关规定，旧城片区私危房业主申请翻改建的程序如下（图6-5）。

对于居民来说，实现房屋翻改建的关键是获得思明区建设局核发的《建设工程规划许可证》，根据《厦门市私人危住房翻修改造建设规划审批意见》与《思明区私人危住房翻修改造建设规划审批规定》相关规定，建设局核发《建设工程规划许可证》的审批原则即房屋翻改建是否符合"五原"原则。该政策规定："国有土地上的私危房翻改建工程，原则上不得改变原使用性质，不得超过原产权登记建筑面积、原用地权属面积、原建筑高度、原建筑层数。在不超过原产权登记建筑面积的前提下，原不成套住房可适当增设卫生间、厨房等功能设施。"这是用以审核私危房是否满足自主翻改建的具体要求。

"五原"原则的核心在于"解危"和实现旧城居住空间更新，然而对于自主更新的需求，即实现居住环境的优化及满足现代生活，在"五原"原则的控制下难以实现，甚至制约重重。例如，多数居民愿意让出部分基地面积作为公共空间，但要求适当增加层数以补足原有的建筑面积；有的居民希望进行等面积的用地置换以改善与相邻建筑间距过近的问

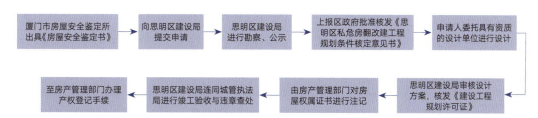

图6-5 沙坡尾社区私危房业主申请翻改建办理流程图
（图片来源：作者根据文献整理绘制）

题，并已与邻居达成了一致。但在"五原"原则约束下，这样的更新行为难以被允许，导致居民自主更新的积极性较低，居民普遍认为通过自主更新很难为生活带来改观，与政策的推行初衷背离。

2. 居住需求与旧城保护之间的矛盾

像营平片区这样的旧城社区虽然拥有历史文化街区的光环，事实上其还是棚户区。早期修建的住房，内部空间面积小，内部设施差，很多户型难以满足现代生活。居住面积不够也反映在外部空间上，表现为建筑密度极高，自行加建行为比比皆是，这也一步步侵蚀着公共空间。由于居住条件差，居民大部分处于社会中低收入阶层，受文化教育程度的局限和收入水平的影响，很难抑制旧城进入衰败的恶性循环。

片区居民都希望改善居住条件。人均居住面积过小，需要增加居住面积属于合理的诉求。而政府在营平片区的更新中明确表示"原则上片区不允许增容"。这是在政府视角上，出于旧城保护和城市管理的考虑，有利于保护现有风貌，但抑制了目前居民自主改造的动力。鼓励居民自主更新，却抑制居民的基本需求，显然有所矛盾。

旧城的疏解确有必要，但不能以"拆迁"的逻辑对居民进行安置。原因为：第一，这样的做法无疑使自主更新难以进行。居民习惯性地依赖政府的现象已十分明显，只要居民还坐等政府征收，自主更新就无法推进。第二，如何确定疏解对象。片区长期以来就有大量居民渴望拆迁。如果划定范围一部分用于疏解，这意味着政府必须平复疏散范围外的居民，容易激化矛盾。第三，疏解资金。政府财政属于公共财产，是城市居民的共同财富，为解决片区问题投入大量资金，在一定程度上是分配不公。综上，公房应当被充分利用，疏解一定片区人口，释放部分公共空间，以此改善片区的外部环境，才能在一定程度上缓和自主更新机制中居住需求与旧城保护之间的矛盾。

6.3.3 更新成本与居民经济能力的不匹配

6.3.3.1 自主更新成本与居民经济预算分析

更新资金是居民通过私危房政策更新房屋需面对的主要问题之一。以沙坡尾旧城片区房屋的更新为例，虽然房屋位置、建筑现状、施工要求及内部装修等因素会有所区别，但其基本的翻建造价相差不大。以2016年的造价为准，包括材料费、人工费、运输费等基本花费内容，约2000元/平方米。以一幢100平方米的房屋为例，需约20万元的基础造价。该成本不包括房屋进一步装修及施工过程中居民异地居住的费用。

有学者通过问卷了解居民的经济能力与翻改建经济预算，从结果可以看出，77%的居民家庭年总收入低于18万，其中38%家庭年总收入在12万元以下。由于房屋翻建需一次性投入，因此一半以上的居民对于自主更新能够投入的经费低于10万元。进一步结合居民自身住房面积，分析居民预算与自身房屋更新成本的比例关系，结果表明，约1/3的居民的更新预算仅够支付其房屋翻改建成本的30%以下，约42%的居民的更新预算够支付其房屋翻改建成本的30%~50%。由此可见，经济条件是制约居民自主更新的原因之一，沙坡尾旧城片区内的居民大多数难以承担自身住房的更新成本，即便有更新的意愿和条件，也无法付诸实践。

6.3.3.2 现行自主更新经济补助政策讨论

沙坡尾旧城片区居民可申请用于私危房改造的经济办法包括：政府补助，如《思明区老城区私危房翻建解危以奖代补办法》（以下简称《以奖代补办法》）、《厦港街道环避风坞内侧房屋立面和屋顶提升改造以奖代补实施方案》（以下简称《以奖代补实施方案》）；通过厦门市住房公积金管理中心申请提取公积金或公积金贷款，具体文件包括《职工购买、建造、翻建、大修自住住房申请住房公积金贷款审批办法》《职工建造、翻建自住住房申请提取住房公积金审核办法》等。

当居民不具备翻改建房屋的经济能力时，可用于获取更新资金的渠道及相关政策均存在问题。

政府补助方面，《以奖代补实施方案》补助对象仅限于避风坞周边的房屋，对沙坡尾旧城片区的大多数房屋无法适用。《以奖代补办法》一方面补助对象仅为危房，另一方面在补助金额上，主要为房屋主体结构和外墙装修工程造价的一半，据实地调研了解，该政策的补助金额一般低于房屋翻建整体工程资金的30%。"以奖代补"方式虽然解决了部分房屋更新资金问题，但依旧存在吸引力不足、手续复杂和居民接受度低等问题。若是面对更加多元的自主更新需求，仅靠政府财政投入显然也不具有可持续性。

公积金方面，其政策受益面相对有限，对于沙坡尾旧城片区内从事个体经营、渔业相关、部分服务性行业的居民来说，并不具备利用公积金的基础。而公积金贷款需以个人另一处房产作为抵押，并提供土地房屋权证。该规定显然与私危房翻改建"产权注记制度"相矛盾，同时多数居民除旧城的自住房外并无第二套房产作为抵押，因此该政策几乎不具备可实施性，根据笔者从相关工作人员处了解，该政策实施至今，仅有一例成功申请公积金贷款用于翻建自住房的案例。另一方面，从学者调研来看，居民提取公积金用于住房翻改建的意愿较低，另外有部分居民表示，公积金只能提取到《建设工程规划许可证》颁发之日不够合理，因为房屋翻建需时较长，而这一期间的公积金无法有效使用。

商业贷款方面，受制于产权注记制度无法用于居民更新资金的获取。

综上所述，即使居民在政策允许下实施自主更新，资金问题仍是居民自主更新面临的主要问题之一（表6-3），大多数居民不具备这样的意愿与经济能力。而现有的配套政策存在各自的局限与问题，难以对居民自主更新提供有效支持。

沙坡尾旧城片区居民自主更新相关资金补助政策及存在问题　　　　　　　　　　　　　　　　表6-3

资金来源	具体内容	存在问题
政府补助	针对私人危房翻改建或避风坞周边房屋"平改坡"立面整治进行"以奖代补",包括方案设计费、房屋测绘费用、坡屋顶改造奖励等。补助金额一般为工程决算价50%	申请条件较多,政策倾向性较大,补助金额有限
住房公积金贷款	通过房产抵押获得房屋更新贷款,额度为工程款的70%	与产权注记制度相矛盾,申请人需提供另一套个人住宅作为抵押,几乎不具备可实施性
住房公积金提取	通过提取房屋翻改建《建设工程规划许可证》颁发之前的住房公积金用于房屋更新	受益人群较少,居民提取意愿较低
商业贷款	通过商业贷款获得更新资金	受制于产权注记制度无法实现

6.4
反思四：共同缔造实践需要持续深化

6.4.1 共同缔造需要长期的持续经营

▶　　社区共同缔造不仅仅是指物质层面的改造，更包括了社区制度、社区文化、社区产业等多方面的内容，强调一种可持续的社区规划。尽管大多数情况下社区的营建都是从物质层面开始的，但伴随着社区环境的提升，社区居民的社区主人翁意识同步提升，社区的生活、文化、产业、居民关系等都会得到相应的改善。

　　社区共同缔造是社区文化、产业、居民关系的构建营造过程，因此共同缔造需要一个较长的时间周期来运行。短时间内较难看到非物质空间改造层面的成效，无法"短时间，出成果"。有些社区三四个月通过公共缔造工作坊的组织，快速完成空间、环境的整治，能够让居民对于社区环境的提升有较好的满意度，但短时间内在社区自治组织的构建、社区文化的保护宣传、社区工作坊的运营维持等方面还很难看到成效，居民之间的联系需要较长时间的搭建才能可持续地实现居民和政府的协商共治。

　　共同缔造更是一个伴随社会发展的持续经营的过程。在以人为本的共同缔造理念下，需要足够的耐心和长远的眼光，为社区制定远期规划目标，分阶段逐步实践，通过工作坊的多方参与和规划师的引导，展开一系列共同缔造活动，以发展社区居民自治，引导居民自主发现问题和解决问题。同时，以社区文化发展与保护、自治管理机制建立等为长远发展目标，让居民成为共同缔造的主导者，逐步推进非物质层面的改造，促进社区可持续发展。

可持续的社区更新规划应该由政府、居民和规划师共商、共策、共建。规划师作为专业者，应该从专业的角度帮助宣传推广规划相关知识，帮助居民了解社区规划，分析社区发展问题，探索可能的发展方向，鼓励居民积极表达自己的想法与态度，引导塑造居民的自主管理意识，在共同缔造过程中学会共同参与和共同建设。居民在这个过程中会更加了解自己的社区，借此重新构建社区的网络关系，打破"生人社会"。同时，规划师也要起到联系政府和居民的作用，将居民的意愿传递给政府，帮助制定最终的社区更新规划，既满足居民的需求，也符合政府的预期和要求。因此，政府主要的工作是为社区营造提供政策和制度等支持，未来社区发展治理将会从政府主导转向居民主导，居民自主决策、自主管理，并与政府形成共治共管的社区管理模式。

6.4.2 共同缔造应落实居民的全过程参与

在共同缔造过程中应强调居民的全过程参与，包括共同规划，共同建设和共同维护3个层面。首先居民要共同参与社区更新规划的设计规划阶段，由居民提出问题及可能的解决方案，再由多方协商，共同制定规划方案。其次，在实施建设阶段，居民可以通过亲身参与培养主人翁意识，增加居民间的交流协作机会，培育社区精神。而在实施过程中居民参与还可以起到监管作用，建设质量可以得到更好的保障。最后，共同维护则是在相应的规划建设内容完成后，由社区居民共同承担维护工作，保障社区规划的可持续性，例如对房前屋后的环境维护等。

6.4.3 公共缔造应以问题为导向，不断反思改进

共同缔造是持续性的基础工作，社区的一个问题被解决还会有新的问题产生，不能用同一种处理方式来处理所有的问题。过去，在社区的建造完成后，社区的改造也就结束了，对于社区是否持续健康稳定的发展缺乏关注，后续出现的许多问题往往都没有得到解决。

在社区共同缔造开展的过程中，要始终以问题为导向，政府和规划师持续关注社区发展方向和问题，从多方面、多角度对已经开展的社区共同缔造工作进行反思，通过居民、规划师和政府的多方沟通协调平台，对共同缔造中遇到的问题进行分析和评估，积极组织居民参与，让社区共同缔造在不断的改善中逐步进行。只有持续的关注，不断的反思和创新，才能为社区的发展提供积极的活力。这也是社区居民逐渐深入社区的过程，应该留给

居民充分的时间，让他们真正了解社区共同缔造要怎样进行，这样才能形成居民与政府共治的可持续的社区发展模式。社区发展没有终点，共同缔造亦没有终点，始终坚持问题为导向，才能持续地推进社区发展与更新。

厦门的社区更新历程已开展多年，更新模式从"自上而下"转变为"自下而上"与"自上而下"的结合，针对诸如居民对于更新机制不认同、居民参与度低等一系列的问题，厦门的社区更新治理经验给出了应对方法与策略。针对厦门社区更新改造的经验借鉴与总结，笔者尝试总结提出以下对策。

6.5
经验一：共同缔造更新机制建构

▶ 在大多数居民决定参与社区共同缔造的社区中，居委会和社区居民共同组成社区共同缔造前期策划小组，广泛征求意见，与社区规划师一起挖掘社区优势与资源，总结问题，提出初步策划案，并向上级政府部门提交社区共同缔造申请。最后再由政府部门在所递交申请的社区中，选定试点，开展共同缔造工作，同时给予这些社区资金和政策上的支持。这种方式，在最初阶段，在工作尚未开展之前就奠定了良好的群众参与基础，避免了开展后再寻求参与的被动与压力。

6.5.1 服务型政府有效干预的更新经验

政府需要明晰其在社区更新中的定位是"服务"而非"管理"，在更新制度上多提供支撑帮助，避免在决策体系中占有过多分量，才能更有效地提高政府的行政效率。对社区更新中服务型政府的塑造转变提出如下建议：

（1）在更新中增设社区更新专案小组或指挥部，将管理体系扁平化，以提升社区更新中政府的行政效率。

（2）根据当地特色需求，由政府组织成立地方咨询顾问团队，为社区更新提供宣传及专业咨询的服务，实现"管理型"政府向"服务型"政府的转变。

（3）为预防市场机制的内在缺陷和居民的自控失效，在社区更新的同时，通过政策制定提供有效的公共干预。

6.5.1.1 政府合理介入与有效管理

政府的合理介入与有效管理是社区更新的重要环节。笔者认为，自主更新并不代表政府只履行日常管理的职责，而不采取积极措施应对更新中的具体情况。事实上，"自下而上"的更新思路更加考验政府管理的能力。例如营平片区的更新改造，一定程度上来说并不算完全意义上的自主更新，其实质是政府面对居民日益高涨的征收补偿要求，尝试通过鼓励居民自主更新进行更新。

政府作为社区更新政策的制定者，应在统一更新目标的前提下合理介入，解决好片区的复杂问题。所以政府部门间首先应主动沟通，解决好现状与目标的对位。只有各层级、各部门的政府机构相互配合，求同存异，才能面对更新所涉及的重重困难，发挥政府的最大效用。而后进一步开展社区中诸如基础公共服务设施建设、片区复杂产权状况梳理、合理且有限度的扶持措施的制定、完善社区管理、利用政府的力量防止市场出现过度利益化的更新改造倾向。

同时，还要扶持社会团体，包括NGO和基金会等，邀请社会人士共同参与社区更新，从根本上挖掘居民对于社区改造的认同感。对于社区内存在商业市场的情况，政府可以通过规范管理，保障合法商户与住户的利益，降低合法者的制度成本与投资风险，积极通过政府支持引导市场。同时，为更方便高效地进行社区管理，可制定相关工作职责制度，在加大监管和执法力度的同时，将组织管理落实到机构和责任人；完善社区规划管理制度和税收管理制度，增强对社区用地再开发市场的调控能力。

因此，当政府在社区更新中科学监管与干预时，将有效调动多方力量的参与，使社区的价值能够得到更好的保护与展现，真正焕发社区活力。

6.5.1.2 "管理型"政府向"服务型"政府转变

在以往我国社区更新中，政府容易包揽更新过程中本该由企业和社会组织开展的大部分工作，然而服务能力却不足。所以在未来开展的社区更新中，政府应将重点放在对公众的服务上而非仅仅在管制上，主要体现在：提供多元主体共同参与治理的平台，帮助公民表达其意愿，为市场与居民间搭建沟通的桥梁和注重对地方特色的发掘与宣传等。

基层政府应针对当地特色需求，以派遣或聘用方式组织成立地方专业咨询顾问团队，包含历史人文、产业、民俗、规划、景观、建筑设计、历史风貌保护等方面的专家学者及熟悉地方的人士。

由基层政府设立统一咨询窗口或组织不定期宣讲，建立与居民间良好的合作与互动，并负责相关问题的咨询介绍，以增强当地居民或团体的社区归属感。顾问团队在对社区了解透彻的基础上，与居民一起为未来社区发展探寻方向，作为社区专业人士，应负责审议社区规划师所提出的更新计划，并提出专业的意见及建议。

6.5.1.3 管理系统扁平化，提升行政效率

"多元共治"的社区更新涉及复杂的部门与多元治理主体，在行政事务方面需要达成高效的政策传达和民意反馈。为了实现精细化管理，政府的管理层级与机构较多，管理过程中跨度大、战线长，容易导致政策执行力度逐级弱化、管理机构职能不清，甚至出现"多管"或"漏管"等现象。庞大的政府管理机制在很大程度上影响了行政效率，所以要推动新的社区更新机制，势必要对现有社区更新中的行政体系进行针对性的变革。例如建立更新专案小组或项目指挥部将管理组织体系扁平化，促进信息和反馈在政府内部的快速传递，扩大基层直管部门的决策权，增强各部门间的纵向及横向交流，这些将有效提高政府行政效率。

建设"跨部门社区更新专案小组"，可集中关注针对性片区的社区更新发展，对某一社区保护更新专案做统筹管理，缩短管理流程。作为主要负责单位，负责把控更新的推进工作、与上级部门沟通、与居民协商沟通和相关社区更新政策的拟定工作。再依据工作项目细分为不同的执行小组，针对社区更新中的不同项目进行管理，协助联络办理社区更新中各项内容的申请审批手续（图6-6）。增设"跨部门社区更新专案小组"，将有效协调公私部门，及时解决更新中面临的各种问题，提升地方政府在整合、执行、协调上的利益与效率。

城市社区更新不仅受制于经济、社会、环境等多重因素，还涉及政府在住房、就业、教育和福利等多方面政策的综合改革。目前，政府需要制定系统而合理的、具备法律效力的城市更新办法、社区更新办法及实施细则，划定实施政策区、实施单元及制度年度实施计划等，保障各更新主体在发展机会、居住及利益分配等诸多方面享有公平的权益。

此外，由于社区更新中市场导向增强，更新主体和资金来源渠道呈现多元化趋势，这一定程度能够缓解政府的财政压力并提高资金使用效率，但同时也需要政府加强引导与控制。借鉴西方社区更新经验，政府须从更新行为初始就制定多项社会、经济的政策，法案

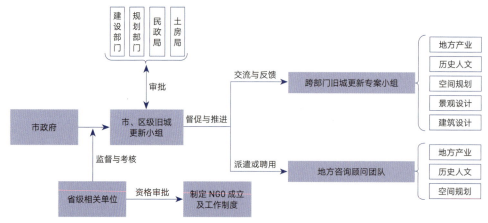

图6-6 跨部门旧城更新专案小组的组成
（图片来源：作者根据文献整理绘制）

或基金计划等来配合社区物质更新规划。例如，可对自治社区给予一定程度的补贴和优惠等政策倾斜，减轻社区自治财政压力的同时鼓励更多社区实行自治，也可对参与社区更新的团体、组织和相关部门给予管理权限的下放及程序简化等。

与此同时，重要工作之一是确立自主更新在地方管理层面的合法化地位。发达国家的经验表明，制定明确的法律法规是社区更新制度建设中最为重要的环节。明确规定居民自主更新的实施对象、更新程序、财政补助、鼓励措施与惩罚手段等，梳理相关权责关系，明晰各级政府、居民及其他相关主体在更新过程中所拥有的权利、义务以及应承担的责任，可为更新工作提供确切的依据。

6.5.2 复杂产权下的社区自主更新经验

以旧城为代表的城市社区产权情况十分复杂，现行相关政策和管理办法的不足，让社区居民的自主更新难以推进。在社区更新中，通常希望保留并积极利用现有建筑以保持社区风貌，但也应正视社区内杂乱无序的破旧建筑，这些房屋无法适应现代生活的使用要求，而在现有规定下居民难以对房屋进行自主更新，政策上只有经鉴定确认为危房方可按原样修建，这限制了社区小规模、渐进式发展的可能，只能寄希望于成片改造的现实操作。然而，以政府为主体的操作其实也存在众多难点，例如如何取得旧建筑的使用权或代管权等。因此复杂产权下，形成以私人业主为主体的社区有机更新发展模式，需要更合理有效的方法。

6.5.2.1 制定多元更新途径

在长期实践中，由于缺乏对社区更新的充分理解，提到"保护"就是原封不动的保留，"更新"就是大拆大建。实际上，社区更新除了拆除和保存两种方式，还有修复、复原、保存、修建和改建等多层内涵和做法。以沙坡尾片区更新的实际情况为例，在规划中根据房屋的具体使用需求，居民自住房可分为房屋置换、原拆原建、功能变更、联合更新、不可拆除及调整翻建等类型，依据各类房屋的具体位置和更新条件，提出相应的规划控制要求（表6-4）。

居民自主更新方式示意及政策建议　　　　　　　　　　　　　　　　　　　　　　　　　　　　　　　表 6-4

自主更新方式	政策建议
房屋置换	对于居民有房屋置换意愿、片区重要节点或难以通过翻改建改善居住条件的房屋，可扩展《厦港街道环避风坞内侧房屋立面和屋顶提升改造以奖代补实施方案》中关于房屋置换的政策适用范围，通过保障房与部分商品房相结合的方式与居民协商置换房产，原房屋由政府收储待用
原拆原建	对于重要节点的建筑、对片区风貌影响较大或规划规定不能改变的建筑，若要进行更新，仍应根据规划要求及"五原"原则进行更新，但政府应给予部分补偿

续表

自主更新方式	政策建议
功能变更	对于区位条件较好、有利于片区整体发展的房屋，若居民有意改变房屋使用性质，应由沙坡尾工作坊与社区机构共同组织相关居民进行协商决定
联合更新	对于因房屋位置、面积或户型等因素无法进行单一建筑更新的，应允许其与邻居房屋一同以"联合体"的形式整体遵守"五原"原则进行更新
调整翻建	对于确有用地、建筑面积等调整需求的居民，应允许其在符合规划要求、风貌控制要求的基础上适当突破"五原"原则，在控制其用地权属面积及房屋高度的情况下，允许其局部调整用地范围、增加建筑面积。政府制定相应的税费政策进行控制，制定鼓励居民通过更新出让部分公共空间的奖励机制

6.5.2.2 完善自主更新的政策管理办法

随着发展而衍生出的自主更新新需求需要相应的政策支持，应逐步构建与这种新需求对应的开发和规划调控机制。

就不同主体利益而言，理论上房屋产权人或使用者均应获得投资所得的增值收益；政府和社区则应获得城市扩展和公共设施投资等土地增值收益。而实际上，不管是从国家和地方的法律条文、政策或开发规则，到规划部门的审批程序、管理流程和其他相关部门操作标准的完善速度而言，都仍未跟上目前老社区中对大量建筑"更新"需求的速度和广度。从另一方面来讲，这些"更新"行为由于缺乏了相关规则和流程的指引，使得一些想合法更新的个体无从确权。

建立完善的法律法规制度，不仅能够规范开发市场的秩序，使更新有法可依，也将使片区的更新进行得更加顺利。在营平片区更新中，法律法规建设的不健全导致更新困难重重，诸如，我国《继承法》导致的产权分割严重；房屋出租管理条例中，地方法规对于危房出租相关法律存在空白；对于房屋确权、违法搭建、房屋外部性等概念的相关法律界定等尚不健全。如果这些细则不及时修改和回应，就难以规范社区更新中的行为。

6.5.2.3 建立自主更新的监管制度

在居民自主更新的实践案例中，往往单一地依赖行政执法进行监管，从一定程度上说，执法能力与执法方式都存在一定不足。因此，笔者认为，居民自主更新应从政府监管、社会监管和居民监管三个层面展开。

（1）政府监管

政府监管的主要作用是监督与控制，在自主更新项目中建立明确的监管体系、制定相应政策能够为参与监管的组织与个人提供支持。引导居民自主管理自身房屋与社区公共空间，从而达到社区自治的目标。通过设立专门部门对自主更新项目进行控制性监督，从实施后"处理"向过程中"监管"转变，对于违反报批更新方案的建设行为及时处理，避免出现"既成事实"的执法困难。在未来自主更新方式更加多元化的情况下，对政府监管部门的专业性提出了更高的要求，因此相关部门应重视专业人才的培养与吸纳，可寻求如专业组织的协助监管。

(2) 社会监管

社区更新需要社会监管的参与，尤其是在老社区中的更新。当前社会媒体空前发展，新媒体等信息传播影响广泛，可充分发挥社会力量在居民自主更新实施过程中的监管优势：

1) 借助各类媒体形式，一方面对自主更新政策与优秀案例进行正面宣传，提升社区自主更新的社会关注度，培养居民的社区认同及正确的自主更新意识，另一方面对自主更新过程中出现的问题与违法行为进行报道，便于相关部门与个人及时应对与整改。

2) 为社区更新中专业团队的培植提供良好的社会环境，促进其发展，从而成为"公认"的有效的自主更新民间监管机构。社区问题是社会关心的公共热点问题之一，其承载的城市历史信息与社会多样性也是城市的重要财富，与生活其中的每个人息息相关，因此居民自主更新的有效推进也离不开社会的监管。

(3) 居民监管

作为社区自主更新的主体，居民更应发挥其自身监管的作用。居民实施自身监管可以通过成立业主委员会等形式的自治组织，一方面，推选督导小组，以监督片区内居民自主更新的实施；另外也可指导片区内居民自主更新的相关工作，为居民提供经验借鉴。这样的监管团体更清楚社区的具体情况与发展需求，有利于提升居民自主更新的实施效果，对于片区的良性发展与社会稳定将起到重要作用。

6.5.3 共同缔造下的多元共治更新经验

6.5.3.1 引入和完善公众参与机制

社区更新的完成需要依靠群众的力量，政府、规划师在社区规划过程中不仅需完成政策、经济、技术等方面的支持，更需要充分调动社区居民的积极性，促进公众参与，让居民参与到社区建设中。在共同缔造理念下，政府部门、居民、规划师等各个主体都扮演着重要的角色，并且参与社区共同缔造的全过程。

首先政府相关部门要作为社区规划的组织者发起共同缔造，将居民和规划师联系起来。政府通过选择合适的试点社区，制定居民接受的公众参与方法，有意识地推进居民的公众参与意识，并以试点片区带动其他片区。政府须从主导模式慢慢转向参与模式，在引导社区居民参与社区事务之后，需要将政府主导模式慢慢转变为社区居民自治、社区组织治理主导的模式。因为政府部门拥有行政权力，应当确保社区规划的实施和落实，保证社区向着合理的发展方向前进。

规划师受政府部门的委托进入社区，既是规划专家，也要成为居民参与规划的引导者、表达居民利益诉求的发言人和各方利益的协调人。规划师自身身份的转变是很重要的，需要把自己当作社区居民的一员，切身感受社区问题，以更好地引导居民了解社区，参与规划，肩负起社区更新的重任。

最后要让居民真正的转变对于社区治理的态度。居民不只是社区的使用者，更是社区的主人，是社区营造的设计者，他们生活在社区，对社区最有发言权，能充分地认识到社区的问题在哪，如何改进。政府和规划师需要充分地发动和组织群众，从身边小事开始，从群众的实际需求做起，真正解决居民切身的需求和问题，不断激发居民参与社区更新的热情。社区共同缔造的过程，也是居民从不关心社区，到追求社区物质空间提升，再到保护社区文化、城市历史，力图打造和谐邻里关系的过程。

在共同缔造中，政府、居民和规划师三者须不断地沟通协调，达成社区更新的共识，共同推进社区营造。

6.5.3.2 多元社会关系的融合

社区共同缔造使社会关系重构成为可能，日本和我国台湾地区在经历了社会经济快速发展变革之后，都发生了物质环境衰败和人际关系冷漠等现象，我国在经历了40多年的社会、经济的高速发展之后，逐渐疏离的人际关系已成为阻碍社会可持续发展的因素。所以在社区营造中，需要通过共同缔造的方式重构社会关系，以唤起居民的归属感，恢复社区功能的多元化，将"居住社区"营建为"幸福社区"。

与此同时，多元社会关系中的一个重要主体就是居民，居民在社区共同缔造中起着十分重要的作用，以居民为主的社会团体、自治组织也逐渐成为社区更新的主导者和引领者。过去，居民往往是最弱势的一方，他们的意愿与诉求几乎无法传至上层。但现今以人为本的设计理念，肯定了居民的重要性，越来越重视居民的声音和利益，居民的身份也应从"居民参与"转向"居民主体"。

政府在多元网络关系中，不能只是社区的管理者，旧有的社区开发模式已无法紧跟社会发展需求。现今，政府越来越重视对社区的关注和引导，渴望倾听人民的声音，同时努力保障和实现其诉求，构建"人本社会"下社区共同缔造规划模式（图6-7）。

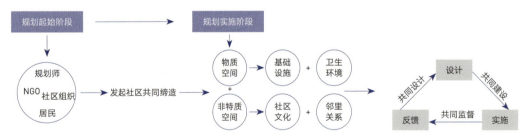

图6-7 "人本社会"下社区共同缔造规划方法模式图

6.5.3.3 社区居民自治组织的形成

社区共治机制是一种基于社区管理的自治制度，需要居民的参与，也需要民间力量的加入。城市建成区中所有的规划建设行为都必须取得产权人或实际使用者的支持配合，在社区营造中首要的就是取得居民配合。厦门市提出"美好厦门、共同缔造"的工作思路，即发动居民主动参与社区人居环境的整治提升。如曾厝垵由街道级政府牵头，组织成立曾厝垵文创理事会及业主协会，搭建公共议事会平台，不断完善社区自主管理机制模式，推动商家、业主、游客等多元主体的共建共治共管共享，让各类自治组织、社会组织和业界学者共同参与，让居民成为参与建设曾厝垵的主角。在推动居民参与过程中，居委会发挥了很大的作用，推动居民成立了诸如更新理事会等代表自身利益的居民自治组织，实现居民在社区管理和建造中的话语权、参与权。

（1）居委会

社区居委会职能应适当改变，政府对社区的管理权力重心下移，为社区自治自理提供更强有力的物质基础和权利禀赋，并为居委会提供管理、决策的权限及法律支持；人员组织上，居委会可聘用不限政府人员，还包括不同职位、背景的社区公众人员，如规划师、法律顾问、管理员等，使居委会与上级政府之间的关系逐渐转变为指导与协助、服务与监督，居委会的服务更多面向社区居民，构建公众参与并认可的权利维护和诉求平台。

（2）成立更新理事会

从"多元共治"的角度来看，城市规划不仅是设计从业者对城市资源的技术分配，也是多元利益主体间磨合协商的结果。居委会作为政府的下辖机构，无法完全代表居民进行自治管理，因此在现有基础上，需另设社区更新理事会来进行自治管理及为居民利益代言。理事会通过社区公投、民主选举的方式产生，为居民及弱势群体等多元利益主体提供交流协商的平台，便于代表公众与政府、市场及社区规划师进行沟通和联系。

（3）选举居民代表

社区更新需要多元合作的模式，因此亟需居民在更新中积极响应号召，强化社区意识，增强社区共识感，不再仅仅寄希望于政府管理，而是强化自我管理意识，与居委会协同共管社区，选举居民代表参与社区治理管理，保障社区更新健康有序发展。

6.5.3.4 多元社会组织的参与

社会公益团体利用社区资源进行经营利用的创业者，都是直接的社会价值创造者，是推进社区自主更新的主体之一。同时，综合性社区更新不仅关系到更新区域内的利益主体，也是城市发展建设过程中的重要事件，可以吸纳规划师等专业学者参与，甚至可以吸纳旅游、历史、建筑、经济等方面的专家学者和市民代表，采纳市民的亲身观察体会和相关专家学者的专业技术知识为社区更新出谋划策。

营平片区的更新实践，充分调动了各界人士参与社区整治提升，社区规划师的定义也因此大大延伸，不仅包括专业技术人员，还包括政府官员、社区工作者和居民代表。由于广泛征求了居民的意见，社区规划师的群众认可度很高。在营平片区的治理经验中，还成立了社区规划师议事小组，建立了长期有效的对接机制。重视培育在社区整治中热心公益并具有专长的人士，其能力的提升是社区自治的根本保证，主要职责包括：①解读营平片区的相关规划及政策思路，宣传片区的历史、文化和社会价值，树立居民的价值观，培训社区骨干；②收集和整理片区居民遇到的改造问题，及时反馈并予以给予解决；③为居民自主改造提供相关的规划设计、施工等技术咨询服务；④牵头联系并帮助居民建立各种组织；⑤对居民自治组织的运行规则完善提出建议。

借鉴相关经验，社区可聘请社区责任规划师作为自上而下的政府计划和自下而上的社区实践之间的联系纽带。还可以开设个人职业民众评议，以鼓励责任规划师更加积极、主动地参与社区服务。在这个过程中，规划师的角色从原来的为政府和开发商服务转变为公众服务。一方面，规划师以第三方身份作为"带头人"拉升居民凝聚力，组织引领居民以主人翁的心态参与到社区更新中；另一方面，集中居民意见与实际需求，提供专业的规划方案和发展建议并定期公示，从专业人员的视角为社区发展提供相关政策咨询、更新方案和发展规划等，并与政府、街道级的居委会商议谈判，最终推出相对合适的解决方案，这种机制也能更好地促进政府及相关部门的科学编制、调整和实施。

由于非营利性组织（NGO）与社区更新并无实际利益关系，虽不是社区更新的治理方，却是必不可少的参与方。在社区更新中非政府组织必须要做到如下几点，才能起到实际的推动作用：①要了解社区的基本情况，便于居民咨询地方更新事务；②全程参与社区更新的相关事务，协助居民将对更新的愿景转化为初步更新方案；③协助居民与政府和市场间的沟通。

对于社区内的业态发展，可以成立创业者协会或创业联盟等，从中筛选代表参与社区治理，协助政府制定产业导入准则及规范，并具有选择新业态的权利。利用创业者联合自治组织对自身利益保护的原动力，引导产业蓬勃发展。

由于初期创业者通常具有较强的开拓性，政府制定政策应该多扶持和鼓励，积极孵化启动片区。政府在具体更新改造中需不断总结问题，调整政策方法，为非政府组织、企业等社会组织团体创造良好的创业氛围和机会，为前期参与更新的社会团体提供更多的优惠政策，以资鼓励。另外，一旦片区商业特色形成，就需要建立起后续的产业筛选规则，并制定相关的管理条例，避免过度商业化。

综上，构建"多元共治"规划机制（图6-8），应重视社区的实际使用者，综合考虑社

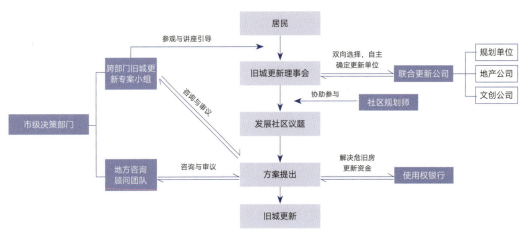

图6-8 "多元共治"规划机制的基础架构

区居民的意见建议，鼓励并引导居民主动参与社区更新。政府职能从"管理型"转向"服务型"，下放政府权力，由市场配置资源，积极鼓励由非政府组织、社会自治组织协助参与更新。

6.6
经验二：培育社区更新的内生动力

6.6.1 社区更新中的资金运转

6.6.1.1 市场参与下的更新投资

只有市场积极参与并投资社区更新，才能更好地实现居民的更新愿景，同时获得现实收益。综合相关研究学者所提出的优化建议，可进行如下考虑：

（1）成立联合更新公司，避免单一企业因专业性问题受限而影响社区产业。从沙坡尾的更新经验中我们发现，与企业进行合作更新可以更高效地整合市场资源。但仅由单一公司推动更新会在某些专业性领域受到限制，因此提出"联合更新公司"（图6-9）的机构概念，一方面符合规划及政府引导，另一方面更贴近社区和居民诉求，可以在住房更新的同时延续社区历史的文化开发。针对社区不同的资源禀赋，如传统手工艺、地方特产、宗教文化建筑及历史风貌建筑等，可由政府和社区居民联合公开招募各专项领域的市场力量，并可成立若干个独立的更新公司，建立社区与市场间的桥梁。同时可由联合更新公司把关文化资源挖掘与开发，准确作出文化产

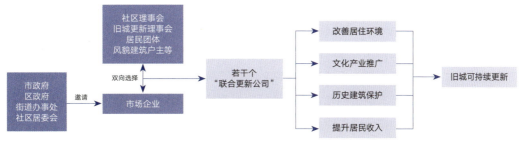

图6-9 联合更新公司成立及运行流程图

品定位，并通过举办社区文化节等活动向社会推广。在住房更新方面，居民可在多种符合城市规划要求的方案中进行自由选择，这能较充分地保障居民在更新中的自主权。

（2）设立"使用权银行"，通过赎买使用权的方式鼓励居民对社区建筑特别是历史风貌建筑的保护修缮及整治更新。基于社区中复杂的产权情况，可参照"知识产权银行"和美国"开发权银行"的经验，设立"使用权银行"。即通过类似银行储蓄的方式，利用资金赎买购入整栋房屋或部分房屋一定年限的使用权，集合一定数量的使用权寻找有需求的对象，以租赁的手段来提高社区的房屋利用率。设立使用权银行可以有效规避社区更新中资金短缺的问题。同时，使用权银行根据房屋的质量和风貌等级确定房屋使用权的赎买标准，以激励居民自发维护社区风貌的积极性，同时也能够有效监督居民对风貌建筑保护的资金使用情况，促进社区内的互相监督。

6.6.1.2 政府资金补贴的运作与回报

政府通过置换和收储部分居民住房，可掌握片区更新的主动性，同时采取协商置换的方式，可节省政府投入，也能有效避免大规模拆迁带来的种种矛盾。社区更新带来了直接的房屋增值，一方面政府可以通过出租或出售的方式获取房屋增值的收益，同时也可将片区内的部分房屋置换为文化展示宣传、商业及旅游服务的配套设施，增加公共服务的长期投入与效益。

社区更新可以通过提升社会价值，带来间接收益。例如沙坡尾片区的区位优势与文化价值，能够在社区更新过程中逐步兑换为经济价值，而片区的品牌效应和知名范例的树立为争取更多的资金提供了条件。

6.6.2 社区自我培力的构建

6.6.2.1 发掘社区潜在价值

发掘社区潜在价值是社区更新的重要任务，对地方潜在价值的挖掘能够帮助社区更好地辨明今后的发展方向，主要可以从社区的自然资源、历史人文和传统产业三个方面来发掘。在社区潜在价值的发掘上，还需要充分发挥社区居民的作用。作为社区真正的使用者，社区居民将是社区更新最终的主导者，共同缔造的目标之一也是将居民培育成为主导社区自主更新的引领者。无论是否有非政府组织的参与，社区居民都应主导社区更新的走向。让居民对社区的内在价值有更清晰的认知是增强居民地域归属感和使命感的主要途径之一。

在自然资源和历史人文方面，居民需要以非居住者的眼光重新审视社区，以资产的角度来看待所生活的场所。深入探讨在可持续的前提下利用社区自然资源，同时重新审视社区中保留的历史建筑，有意识地收集历史地标的发展脉络或地方传说故事，梳理其文化发展轨迹，并对可重新利用的历史文化空间进行更新改造再利用。而在传统产业方面，则需要居民对地方传统产业有深入的了解。地方产业在经历了长时间的发展后，会对社区空间和风貌的发展有较大影响，更有甚者，一些发达的地方产业会使土地开发和城市空间主要围绕以生产为目的。对于拥有产业发展史的社区需通过更新规划来明确未来发展方向，酝酿促使地方产业升级的途径。

6.6.2.2 发展社区议题

以往社区更新中出现的问题普遍是在地居民缺乏主动解决更新难题的积极性和能力，被动地寄希望于政府。但是居民通过学习讨论，可以将更新问题转为公众议题，增强居民对于地域的归属感。将居民的参与行动归纳到几个不同的地方议题中，可以使居民参与进一步具体化。与居民切身利益相关的参与行为，也可吸引观望的居民参与其中，对议题产生相应的正面影响。

6.6.2.3 提升参与技能

在社区更新中，居民应学会从不同角度、采用不同思维检视社区环境，发掘社区价值，通过提升自身的参与技能，将自己对社区未来发展的愿景逐渐清晰化。针对同一个议题居民会产生不同的看法，首先需要通过居民的公开讨论形成统一意见，创造有意义的讨论就是居民提升参与技能的开始，这在居民自我培力的过程中是十分必要的，只有这样才能与其他共同治理方进行协商，共同创造集体价值。讨论次数不在多少，而要让彼此感觉到对讨论议题的重视，且能有效得出讨论结果。可以通过诸如公共论坛、圆桌会议等讨论形式探索出适合社区居民的讨论方式。

此外，政府和市场在社区更新中除了要筹集相应的物资，也需要对地方人力资本进行整备。可以通过动员活动召集人力，确定更新中某项具体行动参与的居民，社区中动员的频率越高，越能提高社区居民对公共事务投入的热情和积极性，在这个过程中社区居民也同样能够提升自身的参与技能。

6.7
经验三：促进社区的文化复兴

▶ 如何推进以文化复兴为导向的社区更新是当前城市发展的重要内容。以沙坡尾社区更新为例，2003年至其今更新的核心价值与目标设定在不断地改变中。从最初的重视对基础设施的优化、追求经济发展,到改善片区环境,再到聚焦片区文化与居民的文化认同,体现了各个社会发展阶段下不同的关注重点。在共同缔造工作坊的工作中我们发现,不同群体的利益诉求虽然各异,但保护传统文化是最核心的共识。可见,以文化复兴推动社区更新,往往能够更有效地凝聚居民的力量,提升其更新的积极性,也体现出文化复兴的重要价值。

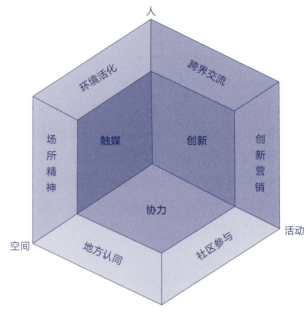

图6-10 台北都市再生前进基地效益评估模型

沙坡尾社区更新共同缔造工作坊的开展充分借鉴了台湾地区的都市再生经验,特别是在以沙坡尾活态博物馆为代表的文化开放空间策划中,团队借鉴了台北都市再生前进基地的建设目标及效益评估模式(图6-10),并在片区的文化复兴组织中得到了体现。人的组织、活动的策划以及空间的活化是社区更新中最核心的三个要素,在其相互作用下,可以从挖掘社区触媒、构建协力平台和激发社团创新三方面来推进文化复兴。

(1)挖掘社区触媒:通过社区中人和空间的历史属性和现代功能的挖掘,激发具有文化深度的地区特色和新的活动能量,通过二者互动产生的新价值,来刺激社区空间与生活场所的新可能,在此基础上从保护场所精神和环境活化入手,推动周边环境的改善和提升地方的生活质量。

(2)构建协力平台:在政府的支持下,从促进多元社区群体与本地居民的互动到理解,再到协同合作,需强化社区参与的意识,从而充分扰动既有空间和活动组织,引导从对社会经济的关注转化为对地方文化的认同。

(3)激发社团创新:通过借助不同社团的跨界合作,以各种独特的创新活动,引入围绕社区本地文化的社会性议题,通过产业培育、社团组织的发展等与本地社区共同酝酿旧城更新的新想象。

6.7.1 挖掘社区触媒

社区触媒,即是可以触动社区进行更新改变的媒介,既包括有形的外部物质空间,也包括无形的、由历史人文发展脉络所构成的文化氛围,两者的结合可以在社区中产生出很好的发酵效应,刺激社区空间与生活场所产生新的可能性。通过社区中人和空间的历史属性和现代功能的挖掘、文化开放空间和文化社团的构建落地,激发具有文化深度的地区特色和新的活动能量，从而推动周边环境的改善和提升地方的生活质量。

尤其是在历史街区等文化氛围浓郁、文化遗产丰富的社区，可以通过在文化开放空间中对于社区历史记忆的挖掘重现勾起居民对社区和城市的情感和回忆，培养居民的社区归属感和责任感。例如在老旧城区，尤其是历史文化街区中，对承载着历史记忆或者居民生活记忆的或保存或湮没的地方，通过采用"地景记忆"的手法进行设计和活化重现，这些历史的记忆点还可以打造成独具城市社区特色的地标性场所，带动及辐射更大的周边片区更新行动。

在更新行动中，评价社区触媒的挖掘和建设成效，可以从保护场所精神和促进环境活化两部分来评估体现（表6-5）。

社区触媒建设评估内容   表6-5

构成	评估指标	属性	评估内容
挖掘社区触媒	保护场所精神	质性评估	文化开放空间及文化社团与所在社区的文化社会价值、历史记忆以及地方发展需求的兼容程度
		量化评估	每年举办（主办或协办）地区传统空间再发展活动的场次；每年举办（主办或协办）地方文化资源保护与活化活动的场次
	促进环境活化	质性评估	居民对于文化开放空间周边环境改善的满意度
		量化评估	文化开放空间提供公共活动空间的面积与开放时间，及受影响的周边相关产业营业数量

保护场所精神体现了对历史人文发展脉络所构成的社区环境特性的充分尊重，在对社区历史空间不进行破坏和大改的前提下，通过链接传统与创新的核心要素，构建新的社区文化开放空间，传承社区居民对场所的记忆。在对空间的提升更新过程中，应充分维护能够为人们提供感知本地文化和社区故事的线索。从质性评估上，主要考察文化开放空间及文化社团的建设与所在社区的文化社会价值、历史记忆以及地方发展需求是否契合及兼容；从实施引导上，可以从地区传统空间再发展活动、地方文化资源保护与活化活动等系列活动的组织举办展开，并从每年度举办（主办或协办）活动的数量进行建设成效的量化评估。

促进环境活化指的是通过文化开放空间和文化社团的构建落地，扰动旧社区中原有空间的使用方式，例如对堆杂物的闲置空间进行活化利用，创造焦点成效，并扩及周边的业态及社区居民主动投入更新的意愿，达到活化环境的效益。从实施评估上来看，一方面可以从居民对于文化开放空间周边环境改善的满意度来评价，另一方面可以从文化开放空间所提供的公共活动空间的面积与开放时间长度，以及受影响的周边相关产业的营业数量来进行评价。

6.7.2 构建协力平台

协力平台是社区更新行动重要的智库资源与人力基础。协力平台的建构也是对过去政府主导的社区治理方式的补充和全新尝试，共同缔造工作坊就是其中比较成功的创新模式。在政府的支持下，从促进多元社区群体与本地居民的互动到理解，再到协同合作，需强化社区参与的意识。在明确多方参与的立场和目标的基础上，协力平台应以开放的姿态鼓励社会多元力量的参与，深入挖掘多元主体的行动组织能力，通过参与各主体的优势互补来推动社区结构的提升，从而充分扰动既有空间和活动组织，共同制定社区规划发展方案，引导从对社会经济的关注转化为对地方文化的认同，帮助社区进行文化重构。

协力平台的构建要注重社区内部力量的挖掘及外部力量的引入，其中内部力量源自于社区内对于发展的诉求与愿景，包括居民个人、社区基层组织及自治组织等，而外部力量则来自于社区发展相关的上级政府、外部介入的规划团队、文化社团、企业团队及社会群体等。借助外来力量参与重塑社会空间，在长期陪伴建设中培育和孵化社区自组织，形成地方化的路径探索和方法总结，从而实现"空间重构"和"社区激活"的社区发展目标，让社区实现自我造血功能。

在更新行动中，评价协力平台的构建成效，可以从强化地方认同和推动社区参与两部分来评估体现（表6-6）。

协力平台建设评估内容　　　　　　　　　　　　　　　　　　　　　　　　　　　　　表6-6

构成	评估指标	属性	评估内容
构建协力平台	强化地方认同	质性评估	周边社区对于文化开放空间和文化社团加强社区意识以及建立伙伴关系的认同度； 社区居民对文化社团举办以社区发展为主题活动的满意度
		量化评估	每年举办（主办或协办）以社区发展为主题活动的场次； 每年社区居民参与社区发展为主题活动的人次
	推动社区参与	质性评估	参与社团活动者对文化社团所在地区致力于协力发展的认同度
		量化评估	1. 每年举办社团活动（展览、专题演讲、座谈会、研讨会或工作坊）的场次； 2. 每年参加社团活动（展览、专题演讲、座谈会、研讨会或工作坊）的人次

强化地方认同指的是在对社区环境进行活化及文化开放空间建设时，应尊重社区居民的观点与需求，同时在公众参与的过程中，协助寻求社区发展的共识与认同。在必要时，培育的文化社团能够提供专业资源，辅助社区居民进行社会基础环境的建立，培育社区居民参与公共事务的自主能力。从质性评估上，主要考察周边社区对于文化开放空间和文化社团在加强社区意识以及建立伙伴关系方面工作的认同度；从实施引导上，可以从每年举办（主办或协办）以社区发展为主题的活动的场次以及每年社区居民参与社区发展为主题

的活动的人次来进行量化考核评估。

推动社区参与指的是对文化社团提出具体工作要求，希望地方团体、特色社团及非营利组织等民间组织需要具有更富弹性的执行力及资源整合力，可以具有策略性地回应各社区主体对于更新所关心的议题。鼓励建立创新的公私协力合作关系，导入多元的资源网络，同时也鼓励文化社团积极融入本地文化土壤，实现传统与创新的碰撞，创造对双方都有利的化学反应。从实施评估上来看，一方面可以通过参与文化社团活动的人对所在地区致力于协力发展的认同度来评价，另一方面可以通过每年举办或参加社团活动（展览、专题演讲、座谈会、研讨会或工作坊）的场次和人次来进行定量评价。

在协力平台的构建中，规划师应扮演重要的组织统筹角色，需要客观地平衡各方的利益，明确规划师、政府、居民和其他利益团体多方的责任和义务，协助解决片区公共发展与居民生活、私人开发之间的权衡问题，并起到居间沟通作用，积极处理僵化规定与多变生活形态之间的关系。而在涉及历史文化的社区更新保护中，规划师不仅是监督者亦是仲裁者，需要根据社区的特性，带领各方群体明确社区未来的发展定位，在社区文化资源与社区现有组织、信息和产权的基础上，实现形成对社区文化内涵的合理利用和叠加保护。

6.7.3 激发社团创新

社团作为社区引入的智库，可以实现社区与外部创新产业和新兴发展机遇的对接。创新产业是一个社区发展的潜在动力，对于社区内部创新产业培育有困难的，可以通过具备文化产业运营经验的文化社团，进行相应引导和管控。充分激发社团的创新性和带动性，由社团参与社区的产业发展策划、招商和运营，积极提高社区的业态品质。此外，也可以与社区居民及基层组织等共同成立产业公共运营平台，共同为社区的产业创意更新出谋划策。通过借助不同社团的跨界合作，以各种独特的创新活动，围绕社区本地文化的社会性议题进行发散性讨论，通过产业培育、社团组织的发展等与本地社区共同酝酿旧城更新的新想象。与此同时，在推进社区产业更新培育及管理中，政府相关部门应当有限制、有标准地逐步引导、推进产业的改造升级，可制定社区业态管理办法及商业准入机制等明确的规章制度，并制定对自主改造、积极发展业态的经营者和业主的鼓励补偿政策。

在更新行动中，评价培育社团和激发创新的建设成效，可以从推动跨界交流和促进创新营销两部分来评估体现（表6-7）。

推动跨界交流的内涵在于导入更多文化性的交流，透过联结及传播外部社区文化复兴的创新经验，借鉴各地社区更新的地方经验与城市创新能力，促进本地社区进行更新目标的制定。跨界成果代表着城市的整合能力，同时也是一个城市竞争软实力的展现。从质性评估上，可以考察参与跨界交流（跨领域或跨地区）活动者对文化开放空间和文化社团所在地区致力于创新发展的认同度；从实施引导上，可以从每年举办（主办或协办）或参加社团活动（展览、专题演讲、座谈会、研讨会或工作坊）的场次和人次来进行量化考核评估。

激发社团创新评估内容 表6-7

构成	评估指标	属性	评估内容
激发社团创新	推动跨界交流	质性评估	参与跨界交流（跨领域或跨地区）活动者对文化开放空间和文化社团所在地区致力于创新发展的认同度
		量化评估	1. 每年举办社团活动（展览、专题演讲、座谈会、研讨会或工作坊）的场次； 2. 每年参加社团活动（展览、专题演讲、座谈会、研讨会或工作坊）的人次
	促进创新营销	质性评估	文化开放空间和文化社团营销活动与地区形象塑造的关联程度
		量化评估	文化开放空间和文化社团每年举办以地区形象塑造的创意营销活动（展览、专题演讲、座谈会、研讨会或工作坊）的场次

促进创新营销是以文创群聚为基底，依据不同团队的特点，导入不同形态的文化创新行动，例如创作、演出、培训、学习及交流等多元形态，推广联结传统与创新的生活美学，催化深层的文化创新能动力。从实施评估上来看，一方面可以通过文化开放空间和文化社团的营销活动与所塑造的地区形象的关联程度来评价，另一方面可以通过每年举办以地区形象塑造的创意营销活动（展览、专题演讲、座谈会、研讨会或工作坊）的场次来进行定量评价。

参考文献

[1] http://zt.xmnn.cn/a/mlxmgtdz/qwfb/201401/t20140117_3682823.htm.

[2] Lefebvre H. The Production of Space[M].Oxford: Basil Blackwell, 1991: 112-120.

[3] Neil Smith. The New Urban Frontier: Gentrification and the Revanchist City[M]. London: Routledge, 1996: 79.

[4] Miles, S. And Paddison, R. Introduction: the rise and rise of culture-led urban regeneration[J]. Urban Studies, 2005, 833-839.

[5] Sacco P, G, Ferilli, G, Blessi. Understanding culture-led local development: a critique of alternative theoretical explanations [J]. Urban Studies, 2014, 51(13): 2806-2821.

[6] Scott A. The Cultural economy of cities[J]. International Journal of Urban and Regional Research, 1997, 22 (2): 323-339.

[7] Speller, G, Ravenscroft, N, Oppewal, H. Evaluating Public Participation Processes and Outcomes[J]. 2004.

[8] 蔡辉, 高月静, 余侃华. 创意文化视野下都市再生策略的探索与借鉴——以台北市都市再生前进基地计划为例[J]. 城市发展研究, 2016, 23（01）: 97-104.

[9] 陈伟东.社区自治: 自组织网络与制度设置[M]. 北京: 中国社会科学出版社, 2004.

[10] 美好鹭江共同缔造工作坊[R]. 中山大学, 华侨大学, 厦门大学, 2014-2015.

[11] 邓伟骥, 何子张, 旺姆. 面向城市治理的美丽厦门战略规划实践与思考[J]. 2018,（S1）: 8-15.

[12] 高媛. 非正式更新模式下的旧城区更新研究——以厦门沙坡尾规划为例[J]. 城市, 2013,（09）: 53-55.

[13] 耿宏兵. 90年代中国大城市旧城更新若干特征浅析[J]. 城市规划, 1999, 07: 12-16+63.

[14] 何子张, 洪国城. 基于"微更新"的老城区住房产权与规划策略研究——以厦门老城为例[J]. 城市发展研究, 2015.

[15] 何子张, 李小宁. 行动规划的行动逻辑与规划逻辑——基于厦门实践的思考[J]. 规划师, 2012, 28（08）: 63-67.

[16] 洪国城. 城中村私有住房管理机制研究——以厦门曾厝垵为例[D]. 厦门: 华侨大学, 2013: 18-35.

[17] 胡志强, 段德忠, 曾菊新.基于空间生产理论的商业文化街区建设研究——以武汉市楚河汉街为例[J]. 城市发展研究, 2013, 20（12）: 116-121.

[18] 胡澎. 日本"社区营造"论——从"市民参与"到"市民主体"[J]. 日本学刊, 2013（3）: 119-134.

[19] 黄鹤. 文化规划: 基于文化资源的城市整体发展策略[M]. 中国建筑工业出版社, 2010.

[20] 黄瓴. 从"需求为本"到"资产为本"——当代美国社区发展研究的启示[J]. 室内设计, 2012, 000（005）: 3-7.

[21] 黄瓴, 罗燕洪. 社会治理创新视角下的社区规划及其地方途径——以重庆市渝中区石油路街道社区发展规划为例[J]. 西部人居环境学刊, 2014, 029（005）: 13-18.

[22] 黄瓴, 周萌. 文化复兴背景下的城市社区更新策略研究[J]. 西部人居环境学刊, 2018, 33（04）: 1-7.

[23] 黄耀福. 城市更新的微改造规划实践——以厦门鹭江和曾厝垵为例[D]. 广州: 中山大学, 2016.

[24] 黄耀福, 郎嵬, 陈婷婷, 等. 共同缔造工作坊: 参与式社区规划的新模式[J]. 规划师. 2015（10）: 38-42.

[25] 焦玲玲. 疫情后时代重新思考"完整社区": 完善社区基础设施和公共服务[N]. 中国房地产报, 2020-03-02.

[26] 李凯翔. 厦门社区共同缔造模式与改进策略研究[D]. 华侨大学, 2017.

[27] 李劭杰. "双创"政策引领下的厦门旧工业区微更新探索[J]. 城市规划学刊, 2018（A01）: 82-88.

[28] 李晓壮. 城市社区治理体制改革创新研究——基于北京市中关村街道东升园社区的调查[J]. 城市发展研究, 2015（01）: 95-99.

[29] 李郇, 黄耀福. 厦门鹭江剧场文化公园的活化——基于共同缔造工作坊的实践. 社区规划的社会实践: 参与式城市更新及社区再造[M]. 中国建筑工业出版社, 2019.

[30] 李郇, 黄耀福, 刘敏. 新社区规划: 美好环境共同缔造[J]. 小城镇建设. 2015（04）: 18-21.

[31] 李郇, 黄耀福, 麦夏彦. 城市更新的微改造实践——以厦门鹭江为例[C]. 中国城市规划年会, 2016.

[32] 李郇, 刘敏, 黄耀福. 共同缔造工作坊——社区参与式

规划与美好环境建设的实践[M]. 科学出版社, 2017.

[33] 李郇, 刘敏, 黄耀福. 社区参与的新模式——以厦门曾厝垵共同缔造工作坊为例[J]. 城市规划, 2018, 042 (009): 39-44.

[34] 林浩韬. 治理转型背景下的厦门市曾厝垵地区更新研究[D]. 2017.

[35] 林銎澎. 基于社区民生与文化的旧城更新研究[D]. 2017.

[36] 林小琳. 传统社区更新中参与式规划的发展、效用与实践研究[D]. 厦门大学, 2018.

[37] 林振福. 市场经济条件下的旧城更新策略研究——以厦门市厦港片区改造为例[C]//中国城市规划学会. 规划50年——2006中国城市规划年会论文集. 北京: 中国建筑工业出版社, 2006.

[38] 刘佳燕, 王天夫等. 社区规划的社会实践——参与式城市更新及社区再造[M]. 北京: 中国建筑工业出版社, 2019.

[39] 罗思东. 城市弱势社区的组织化参与[N]. 中国社会科学报, 2010-06-03 (010).

[40] 美丽曾厝垵共同缔造工作坊成果集[R]. 中山大学, 香港理工大学, 厦门大学, 2014: 5-20.

[41] 孟鸽. 日常生活视角下厦门营平片区的叙事空间研究[D]. 华侨大学, 2017.

[42] 饶惟. 基于"多元共治"的旧城更新规划机制研究[D]. 2015.

[43] 沈娉, 张尚武. 从单主体到多元参与空间微更新模式探析一[J]. 城市规划学刊, 2019, (03): 103-110.

[44] 秦朗. 城市复兴中城市文化空间的发展模式及设计[D]. 重庆大学, 2016.

[45] 沙坡尾共同缔造工作坊: 沙坡尾的第101种可能[R]. 中山大学, 香港理工大学, 厦门大学, 华侨大学, 2017.

[46] 孙施文. 现代城市规划理论[M]. 北京: 中国建筑工业出版社, 2007.

[47] 王蒙徽. 推进以社区治理为基础的城市治理现代化探索实践[J]. 社会治理, 2015 (4): 19-21.

[48] 王蒙徽, 李郇. 城乡规划变革: 美好环境与和谐社会共同缔造[M]. 中国建筑工业出版社, 2016.

[49] 王楠. 沙坡尾——一个厦门渔村的社会与文化[D]. 厦门大学, 2016.

[50] 王绍森, 镖旭璐. 目的地文化与原真性的利用——以厦港片区的沙坡尾更新改造为例[J]. 建筑与文化, 2018, (09): 162-164.

[51] 王唯山. 厦门市旧城改造实证研究（1980—2010年）[J]. 城市规划学刊, 2011 (04): 55-62.

[52] 吴晓林, 郝丽娜. "社区复兴运动"以来国外社区治理研究的理论考察[J]. 政治学研究, 2015 (01): 49-60.

[53] 夏建中. 中国城市社区治理结构研究[M]. 北京: 中国人民大学出版社, 2012.

[54] 厦门市2014—2016城乡社区建设规划[R]. 厦门市城市规划设计研究院. 2014.

[55] 营平片区居民自主改造政策研究[Z]. 厦门市城市规划设计研究院. 2013.

[56] 厦门市. 厦港街道全力打造沙坡尾海洋文化创意港[EB/OL].

[57] 厦门市. 厦港片区将改造为创意园区沙坡尾等路重新定位[EB/OL].

[58] 于显洋, 任丹怡. 对中国城市社区建设研究的再思考——基于30年社区发展实践的回顾与反思[J]. 教学与研究, 2016, 50 (006): 27-34.

[59] 喻苏婕. 文化驱动背景下旧城社区更新中的设计介入研究——以厦门市沙坡尾为例[D]. 厦门大学, 2020.

[60] 曾厝垵文创会官方统计数据[R]. 2014-2016.

[61] 曾芬. 厦门莲秀社区更新的规划策略研究[D]. 华侨大学, 2013.

[62] 张京祥, 邓化媛. 解读城市近现代风貌型消费空间的塑造——基于空间生产理论的分析视角[J]. 国际城市规划, 2009 (1): 43-47.

[63] 张京祥, 胡毅, 孙东琪. 空间生产视角下的城中村物质空间与社会变迁——南京市江东村的实证研究[J]. 人文地理, 2014 (2): 1-6.

[64] 张敏. 厦港沙坡尾船坞周遭海洋性聚落形态变迁[D]. 厦门大学, 2013.

[65] 张沁. 厦门营平片区旧城更新机制变迁研究——基于参与者利益行为的分析[D]. 华侨大学, 2014.

[66] 张若曦, 兰菁, 喻苏婕. 厦门旧城海洋性聚落社区沙坡尾的历史变迁与空间再生产[J]. 北京规划建设, 2018 (5).

[67] 张若曦, 王勤, 殷彪. 公众参与视角下旧城社区更新规划的转型与应对——以厦门沙坡尾社区为例[J]. 西部人居环境学刊, 2019 (5).

[68] 张若曦, 张乐敏, 韩青, 等. 厦门边缘社区转型中的共治机制研究——以曾厝垵为例[J]. 城市发展研究, 2016, 23 (9): 19-25.

[69] 张若曦, 张文浩, 李颖洁. 旧城集市型社区耦合型微更新路径研究——以厦门营平片区为例[J]. 上海城市规划, 2018.

[70] 赵民. 社区发展规划[M]. 中国建筑工业出版社, 2003.

[71] 郑承于. 厦门沙坡尾旧城片区居民自主更新的政策困境与应对策略研究[D]. 华侨大学, 2017.

[72] 郑柳椰. 厦门希望社区社区治理中多方关系研究[D]. 华侨大学, 2018.

[73] 左进, 黄晶涛, 李晨, 等. 市场配置下城市传统社区更新的规划转型——以厦门沙坡尾社区为例[J]. 西部人居环境学刊, 2014, 29（5）: 48-52.

后记

城市更新是推动城市高质量发展的必然要求，是推动解决城市发展中的突出问题、短板和提升人民群众获得感、幸福感和安全感的重大举措。2015年联合国住房和城市可持续发展大会（人居三大会）将"可持续城市与社区"列入第11项可持续发展目标（SDGs），提升了对社区可持续发展的关注度。我国在"十四五"规划中也明确提出，在新型城镇化建设中要全面提升城市品质，实施城市更新行动，推动城市空间结构优化和品质提升，对城市社区更新给出了政策指导。厦门作为"高素质、高颜值"的城市，在城市建设中一直勇于实践探索，既积累了许多成功的经验，也有一些超前实践的试错探索。本团队有幸参与了近年来厦门社区共同缔造等课题研究和更新实践，在此书中选取了具有代表性的三个实践案例进行分析，沙坡尾代表了政府主导的"自上而下"的更新模式，但更新的目标和路径随时代发展而有所改变；曾厝垵是集体产权下"自下而上"的自主更新模式，政府进行了公共服务和管理的配套探索；营平片区是自主更新与政府主导的结合，在产权复杂的旧城中，政府进行了自主更新的政策支撑和"益生菌"式的公共空间及业态更新探索。借此书将其中的优秀经验和不足进行总结梳理，为我国全面推进城市更新提供借鉴，贡献微薄的力量。

"人民城市人民建、人民城市为人民"，这是新时期城市建设治理的新理念。社区作为城市的基本单位和基础细胞，社区细胞越活跃，城市活力就越充沛，人民的幸福感也就越强。在城市社区更新中，既要解决公共空间的环境品质提升问题，也要处理好私人住宅的居住品质优化问题。"谁是主体、为谁更新、谁来更新"，这已不是简单的城市建设问题，更是综合的社会治理问题。从这个角度来看，城市更新是一个社会空间治理不断完善的过程，代表了社会关系和城市空间关系的双重重构。目前，城市更新方面的研究是我国城市发展进入存量化、内涵化、高质量发展阶段的难点和关键所在，如何做好这方面的研究，需要我们学界和社会的共同努力。

感谢赵万民教授、黄瓴教授对于《城市社区更新理论与实践丛书》厦门分册的邀约，在丛书研讨中与撰写团队同仁们、中国建筑工业出版社（中国城市出版社）编辑团队老师们的深入交流令我们很有启发。本书在撰写过程中，得到了马武定教授、尹稚教授、赵燕菁教授等多位业界前辈的指点帮助，在此表示衷心的感谢！同时也要感谢在这几年厦门共同缔造工作坊的实践过程中，时任厦门市党委书记的王蒙徽部长的重要引领，李郇教授团队的指导与密切合作，其中实践方法、思路和成果与李郇教授团队的工作密不可分，在多次合作过程中也留下了珍贵的友谊。在长期实践与理论研究中，本团队也经常与台湾地区的学者及社造团队一起探讨交流，得到了黄瑞茂教授、刘昭吟老师、林德福老师和周芷茹老师等的赐教，也得到了不少社区研究同仁的关心与指导，包括刘佳燕老师、赵幸老师和姚栋老师等，激发了本团队持续的实践思考与热情，在此一并表示感谢！

最后也要感谢厦门大学师生们对研究和实践的大力支撑，特别是近年来在"社区规划"课程中积极参与思辨探索、进行社区调研和服务学习的同学们，在厦门社区更新实践和理论总结中提供了重要的帮助。

希望本书对于正在从事城市社区更新的同仁们，以及关心城市社区更新事业的读者有所启示。城市社区更新任重道远，我们一同努力！

张若曦
2021年5月于厦门大学

图书在版编目（CIP）数据

厦门城市社区更新理论与实践 / 张若曦，张乐敏著. —北京：中国城市出版社，2020.12
（城市社区更新理论与实践丛书 / 赵万民，黄瓴主编）
ISBN 978-7-5074-3350-0

Ⅰ.①厦… Ⅱ.①张…②张… Ⅲ.①城市—社区管理—研究—厦门 Ⅳ.① D669.3

中国版本图书馆 CIP 数据核字（2020）第 266643 号

图书总策划：欧阳东
责任编辑：石枫华　兰丽婷
书籍设计：韩蒙恩
责任校对：芦欣甜

城市社区更新理论与实践丛书
赵万民　黄　瓴　主编

厦门城市社区更新理论与实践
张若曦　张乐敏　著

*

中国城市出版社、中国建筑工业出版社出版、发行（北京海淀三里河路9号）
各地新华书店、建筑书店经销
北京锋尚制版有限公司制版
天津图文方嘉印刷有限公司印刷

*

开本：787毫米×1092毫米　1/16　印张：12¼　字数：275千字
2021年11月第一版　2021年11月第一次印刷
定价：**142.00** 元
ISBN 978-7-5074-3350-0
（904339）

版权所有　翻印必究
如有印装质量问题，可寄本社图书出版中心退换
（邮政编码 100037）